中国传统文化概论

主　编　朱　颖　王　景　杨玉兰
副主编　杜　鹃　李翠芳　陈定宏　刘慧君

西南财经大学出版社
Southwestern University of Finance & Economics Press
中国·成都

图书在版编目(CIP)数据

中国传统文化概论/朱颖,王景,杨玉兰主编;杜鹃等副主编.—成都:西南财经大学出版社,2023.8(2025.9重印)
ISBN 978-7-5504-5813-0

Ⅰ.①中… Ⅱ.①朱…②王…③杨…④杜 Ⅲ.①中华文化—概论—高等职业教育—教材 Ⅳ.①K203

中国国家版本馆CIP数据核字(2023)第100241号

中国传统文化概论

ZHONGGUO CHUANTONG WENHUA GAILUN

主　编　朱　颖　王　景　杨玉兰
副主编　杜　鹃　李翠芳　陈定宏　刘慧君

策划编辑:王　琳
责任编辑:王　琳
责任校对:李晓嵩
封面设计:张姗姗
责任印制:朱曼丽

出版发行	西南财经大学出版社(四川省成都市光华村街55号)
网　　址	http://cbs.swufe.edu.cn
电子邮件	bookcj@swufe.edu.cn
邮政编码	610074
电　　话	028-87353785
照　　排	四川胜翔数码印务设计有限公司
印　　刷	郫县犀浦印刷厂
成品尺寸	185 mm×260 mm
印　　张	9.625
字　　数	190千字
版　　次	2023年9月第1版
印　　次	2025年9月第3次印刷
印　　数	4001—4350册
书　　号	ISBN 978-7-5504-5813-0
定　　价	45.00元

前言

党的二十大报告指出，坚持和发展马克思主义，必须同中华优秀传统文化相结合。只有植根本国、本民族历史文化沃土，马克思主义真理之树才能根深叶茂。中华优秀传统文化源远流长、博大精深，是中华文明的智慧结晶，其中蕴含的天下为公、民为邦本、为政以德、革故鼎新、任人唯贤、天人合一、自强不息、厚德载物、讲信修睦、亲仁善邻等，是中国人民在长期生产生活中积累的宇宙观、天下观、社会观、道德观的重要体现，同科学社会主义价值观主张具有高度契合性。作为中华儿女，尤其是当代青年，更应该做中华文明当仁不让的传承者，承担起弘扬中华优秀传统文化的历史责任。

本书是一本活页式新形态教材，包含中国传统文化起源、中国古代哲学思想、中国古代书画、中国古代文学、中国古代音乐戏曲、中国古代服饰、中国传统节日、中国古代工艺、中国古代教育9个项目。主要特色为：第一，将抽象文化具象化，本书设置“文化实践任务单”模块，文化课程一般是比较抽象的，学生不易掌握，本书将抽象文化具化到每一个可操作的任务上，让学生动手进行文化实践，边操作边体会中国传统文化的魅力。第二，本书是配合“翻转课堂”使用的，书中设置“文化解读”模块，主要是让学生进行课前阅读，上课时对该模块进行评价和调整，可使得课堂更加生动、有趣。第三，活页式教材灵活性高，在课时有限的情况下，学生可以选择平行项目学习，或者选择与专业更为贴近的项目进行学习，同时还能使分层教育得到更好的实现。第四，本书设置“学前思考”“学后心得”，使学生可以自由记录自我思考和学习心得。本书内容涉及面广，时间跨度大，引用了一些内容，未能一一注明出处，在此感谢相关作者为中华优秀传统文化的传承和弘扬做出的贡献。

因编者水平有限，书中不足之处在所难免，恳请使用本书的广大读者提出宝贵意见，以便进一步完善。

编者

2023 年 6 月

目录

项目一

中国传统文化起源

◇ 项目导读：

中国传统文化源远流长，博大精深，中国是四大文明古国中唯一尚存且生生不息延续着、没有出现过文化断层的国家。我们勤劳智慧的祖先们以非凡的创造力为我们留下了极为丰富的文化传承。这些文化不仅对中华民族的社会发展产生了巨大而深刻的影响，也是世界文化重要的组成部分。要了解中国传统文化，我们必须对其产生的背景、基本精神以及发展走向有所了解，从而担负起传承我们民族的智慧与灵魂的责任，构建现代中国文化，建设和谐社会，实现中华民族伟大复兴的历史使命。

◇ 学习目标：

（1）了解文化、中国传统文化和中国文化的基本内涵。

（2）了解中国传统文化产生的地理环境、社会环境。

（3）了解中国历史及其对中国传统文化的影响。

◇ 理论要求：

具备阐述中国重大历史节点对传统文化的影响的能力。

◇ 技能要求：

具备绘制中国历史历程思维导图的能力。

◇ 素质要求：

树立正确的文化价值观，建立文化自信。

任务 1 课前自测

◆ 判断题

1. 在宋朝以前，老百姓一天只吃两顿饭。（ ）

2. 中华民族有“上下五千年”历史的说法，说明中华民族的历史为五千年。（ ）

3. 孔子是中国历史上第一个以私人身份教了大量学生的人，但门人三千只是传说，有名有姓的弟子只有 70 余位。（ ）

4. 禹贡九州图将中央之国分割为九区行政区，这就是“九州”的由来。（ ）

5. 明朝法律规定骂人犯法，读书人也不例外。（ ）

6. 中国古代作诗最多的人是陆游，《剑南诗稿》收诗 9 000 余首。（ ）

7. 为了纪念战国诗人屈原，才有了端午节“挂菖蒲、赛龙舟”的习俗。（ ）

8. 宋明时期新儒学的发展是“儒、佛、道”在中国发展融合的表现。（ ）

学前思考：

你心目中的中国传统文化包含了哪些内容？

______

______

______

______

任务 2　文化解读

历史悠久的中华民族，以其波澜壮阔、博大精深的文化令世人瞩目。中国传统文化如同一座无尽的宝库，是我们每一位中国人的骄傲。我们要了解自己的文化，弘扬中华优秀传统文化是我们的责任和使命。

一、文化与中国传统文化

在单元任务中我们须了解文化的含义和中国传统文化的内涵，了解我们祖先的智慧和中国独有的厚重历史。

（一）文化

“文化”是中古汉语已有的词语。“文”的本义，指各色交错的纹理。《易·系辞下》载：“物相杂，故曰文。”《礼记·乐记》称：“五色成文而不乱。”《说文解字》称：“文，错画也，象交叉。”均指此义。在此基础上，“文”又有若干引申义。其一，为包括语言文字在内的各种象征符号，进而具体化为文物典籍、礼乐制度。《尚书·序》所载伏羲画八卦，造书契，“由是文籍生焉”。《论语·子罕》所载“文王既没，文不在兹乎”，是其实例。其二，由伦理之说导出彩画、装饰、人为修养之义，与“质”“实”对称，所以《尚书·舜典》疏曰“经纬天地曰文”，《论语·雍也》称“质胜文则野，文胜质则史，文质彬彬，然后君子”。其三，在前两层意义之上，更导出美、善、德行之义，这便是《礼记·乐记》所谓“礼减而进，以进为文”，郑玄注“文犹美也，善也”，《尚书·大禹谟》所谓“文命敷于四海，祇承于帝”。

“化”，本义为改易、生成、造化。《庄子·逍遥游》：“北冥有鱼，其名为鲲，鲲之大，不知其几千里也。化而为鸟，其名为鹏，鹏之背，不知其几千里也。”“化”指事物形态或性质的改变，同时“化”又引申为教行迁善之义。

“文”与“化”并联使用，较早见于战国末年儒生编辑的《周易》：“观乎天文，以察时变；观乎人文，以化成天下。”意思是：通过观察天象，来了解时序的变化；通过观察人类社会的各种现象，用教育感化的手段来治理天下。在这里，“人文”与“化成天下”紧密联系，“以文教化”的思想已十分明确。

西汉刘向将“文”与“化”二字联为一词，在《说苑·指武》中写道：“圣人之治天下也，先文德而后武力。凡武之兴，为不服也。文化不改，然后加诛。”“文化”的本义就是“以文教化”，它表示对人的性情的陶冶、品德的教养，本属精神领域之范畴。随着时间的流变和空间的差异，“文化”逐渐成为一个内涵丰富、外延宽广的多维概念，成为众多学科探究、阐发和争鸣的对象。

“文化”一词，英文翻译为“culture”，二者内涵亦略可相通。“culture”源于拉丁文“colere”，原意指人之能力的培养及训练，使之超乎单纯的自然状态之上。至十七八世纪，此概念之内涵已有相当的扩展，而重在指称一切经人为力量加诸自然物之上的成果。文化是由人类在进化过程中衍生出来或创造出来的，自然存在物不是文化，文化是通过后天习得的。

文化是一种社会现象，它是人类长期创造形成的产物，又是一种历史现象，是人类社会与历史的积淀物。确切地说，文化是凝结在物质之中又游离于物质之外的，能够被传承和传播的国家或民族的思维方式、价值观念、生活方式、行为规范、艺术文化、科学技术等，它是人类相互之间进行交流的普遍认可的一种能够传承的意识形态，是对客观世界感性上的知识与经验的升华。

文化是智慧群族的一切群族社会现象与群族内在精神的既有、传承、创造、发展的总和。它涵盖智慧群族从过去到未来的历史，是群族基于自然的基础上的所有活动内容，是群族所有物质表象与精神内在的整体。

因此，文化在广义上指人类在社会实践过程中所获得的物质、精神的生产能力和创造的物质、精神财富的总和；而在狭义上指精神生产能力和精神产品，包括一切社会意识形式：自然科学、技术科学等。

如果一个民族没有了文化，那就等于没有了生命。因此凡所谓文化，必定有一段时间上的绵延精神。换言之，凡文化，必有它传统的历史意义。

文化对人的最大影响在于让人认识美、知道美和传承美。纵观古今中外，能被称得上文化的存在物基本都能给人以美的印象或感受。

（二）中国传统文化

文化概念解释（微课）

“传统”是指人们在千百年的生产生活实践中选择和积淀下来的经验和观念，是一种反映人类生存发展的基本规律，具有广泛适应性的行为模式。一种文化现象一旦成为传统，必定成为影响社会组织和人心理结构的强大能量，成为社会成员共同秉持的集体无意识和深层次的文化心理，无时无刻不支配、规范着人们的思想和行为。

中国传统文化从时间维度上来说，一般是指远古至1840年的我国的古代文化。中国传统文化，是民族历史上道德传承、各种文化思想、精神观念形态的总体。中国传统文化，依据中国历史大系表顺序，经历了有巢氏、燧人氏、伏羲氏、神农氏（炎帝）、黄帝（轩辕氏）、尧、舜、禹等时代，到夏朝建立，经由殷周文化、春秋战国文化、秦汉文化、魏晋南北朝文化、隋唐文化、两宋文化、辽夏金文化、元明清文化绵延发展至今。

（三）文化与文明的区别

文化：①名词，指人类在社会历史发展过程中所创造的物质财富和精神财富的总和，更多地指精神财富，如文学、艺术、教育、科学等。②考古学用语，指同一历史时期的不以分布地点为转移的遗迹、遗物的综合体，如仰韶文化、龙山文化。

文明：①名词，词义同“文化”一词，如物质文明、精神文明。②形容词，指社会发展到较高阶段和具有较高文化的社会进步状态，与野蛮相对，如文明国家。

文化与文明的区别如下：

第一，从时间上看，文化比文明早。

人类语言的发生标志着文化的开端，已有250万年的历史，而文明是在人类文化发展的一定阶段才出现的。文明的纵向历史比文化短得多，原始社会就有了文化，而当人类进入阶级社会之后才出现了文明。文明开始于文字的使用、金属工具的出现、国家的形成等，人类开始文明时代至今不到一万年的历史。

1871年，英国的泰勒认为文明是人类文化发展的特定阶段，是文化演进中的一定时期，是文化中的亚文化。他说：“文化或文明是一个复杂的整体，它包括知识、信仰、艺术、伦理道德、法律、风俗和作为一个社会成员的人通过学习而获得的任何其他能力和习惯。”原始文化发展到一定阶段才有文明的出现。高级的文化才可称为文明。泰勒说：“文明的各种程度可看作发展或进化的阶段，即各个阶段既是过去历史的结果，同时又确实在形成未来历史方面发挥着固有作用。”

第二，从词义色彩上看，文化是中性概念，文明是褒义概念。

文化既包括优秀成果，也包括糟粕部分，既有有益于人类的内容，也有不利于人类的因素，但它们都是文化。文明则和某种价值观相联系，是指文化的积极成果和进步方面，与野蛮相对，是一种价值判断，是一个褒义概念。

第三，从形式上看，文明为内，文化为表。

文化存在于有人的一切地方。有人说，文明特指物质形态化了的文化，即与精神文化相对而言的物质文化和物质化了的精神体系。文明主要是指文化成果中的精华部分。文化是文明的精神灵魂与内核；文明是文化的对象化，是文化外显的载体。文化进步的程度越高，社会文明发展的水平也就越高。

二、中国传统文化产生

任何文化都不是凭空而来的，不是“无源之水、无根之木”，它都有内在的逻辑和发展路径，是一个民族长期积淀与传承的结果。我们一起在这条流淌了几千年的历史长河中探寻中华传统文化的发展轨迹，从传统文化中找到自己的民族之根，发现自己的民族之魂。

（一）中国传统文化根植的地理环境

文化起源（微课）

文化的产生都有其特定的背景，从而显示出民族文化的差异性，所处的地理环境直接影响它的社会组织形态。地理环境对早期人类文化发展有很大的影响，不同的自然条件成就不同的文化。这些自然条件的差异也导致了中国传统文化区别于其他文化。

1. 中国幅员辽阔，具有回旋余地较大的地理环境

中国位于亚洲东部、太平洋的西岸，领土面积辽阔广大，疆域南北迁移的空间大，无论是自然灾害，还是社会动乱，都有着广阔的缓冲回旋余地。这对中国传统文化产生深刻影响，对文化的延续起到一定保护作用。

2. 中国纬度跨度较大，具有丰富多变的气候条件

中国地势西高东低，复杂多样，各类地形占全国陆地面积的比例是：山地 33.3%，高原 26%，盆地 18.8%，平原 12%，丘陵 9.9%。地势自西而东构成三级阶梯：西部有青藏高原，地势最高，海拔多在 4 000 米以上，由极高山和高原面组成，有“世界屋脊”之称，是第一级阶梯，以昆仑山脉、祁连山脉、横断山脉为界；青藏高原以东至大兴安岭、太行山、巫山和雪峰山之间为第二阶梯，海拔为 1 000～2 000 米，主要由山地、高原和盆地组成；中国东部宽广的平原和丘陵是第三阶梯。

中国复杂的地形使得中国传统文化的内容丰富多样。秦国有虎狼之喻，荆楚有披发左衽之风，鲁宋有礼乐之俗，等等。因此，长江流域、山东半岛、四川盆地和岭南地区都形成了不同特征的文化，也成为传统文化的有机组成部分。

中国地域辽阔，跨纬度大，气候的波动一般只影响农业区的南北的界线，而不会减少它的面积，使中国的农业得到了相对稳定的发展，使中国文化的经济基础有了稳定保障，从而使文化发展呈现稳定延续的特征。中国是一个农业大国，农业是发展的重中之重。

3. 中国地理环境相对封闭，具有天然屏障

中国山脉多呈东西和东北—南走向，西北有阿尔泰山、天山、昆仑山、喀喇昆仑山；西南有喜马拉雅山，将中国内陆环抱其中；北有西伯利亚高原；东北有大、小兴安岭和长白山；东南临太平洋沿岸。在交通工具不发达的古代，中国的地理环境从物理上隔绝了外来者。相对封闭的地理环境使外部世界很难对中国文化产生重大影响。不仅我们很难出去，外面的也很难进来。丝绸之路之所以伟大，是因为它是中国古代通向外面

的极少数通道之一，并且从这个通道上来的外人毕竟还是少数，外来民族的侵犯也由于自然屏障的作用而很难奏效。所以，中国文化没有遭遇古埃及、古巴比伦等文明古国的厄运。这从客观上保证了中国传统文化的连续发展。

（二）中国传统文化产生的社会环境

1. 农耕型经济社会环境

人类文化大致分为游牧、农耕、商业三种类型。游牧型和商业型文化源自内部资源供给不足，向外满足需求，文化特性一般伴有侵略性。农耕型文化基本上是实现自给自足，文化特性相对比较平和。

中国古代社会的经济主体是农耕经济，是一种以自给自足的农业生产为主的经济形式。中国地处于东亚大陆，幅员辽阔，其自身的地理条件为农业发展提供了有利条件，得天独厚的气象条件和地理环境孕育了以农耕经济为主体的经济生产模式。中国文化中的务实、中庸、尚农重农、知足常乐等思想都是与这种农业经济背景相辅相成的，因此中国传统文化是在相对封闭的生态环境下，以农业为主的自然经济产物。

2. 宗法制伦理社会环境

宗法制是中国古代维护贵族世袭的一种制度。中国的古代社会制度结构表现出比较明显的特征，一是以血缘关系为纽带的宗法制度系统，二是以君主为核心的专制主义统治。中国的伦理社会环境主要体现在宗法制家天下和君主专制制度上，而君主专制的统治，同样也依附在贵族门阀的宗法制之上，宗法制家天下的特征催生了中国文化中浓厚的伦理思想。

三、中国传统文化历程

中国历史悠久，从史前文化、上古传说、先秦子学、两汉经学、魏晋玄学，到隋唐佛学、儒释道合流、宋明理学，经历了数个学术思想繁荣时期，从而形成目前中国特有的哲学文化。

中国历史进程（微课）

（一）史前文化

历史学家将文字产生以前的文化称为史前文化。中国有多处早期人类活动的遗址，很早就有直立人居住，如元谋人、蓝田人、南京直立人、北京直立人等。比如，有巢氏时代巢居人居生活方式就处于旧石器时代中早期，那时期的人类已经可以使用工具搭建简单的“巢居”，早先人们认为中华文化单一起源于黄河流域，但晚近的考古研究证明史前文化范围遍及中国各地，呈现各地并起的现象，并各有其风格。在其中比较重要的有中原地区的仰韶文化，是中国分布地域最大的史前文化，涉及河南、陕西、山西、河北、甘肃、青海、湖北、宁夏等地。还有老官台文化和其延续的龙山文化，黄河下游的大汶口文化，辽河中上游流域地区的红山文化，长江中下游地区的良渚文化和河姆渡文化，四川地区的三星堆文化，等等。这些都属于史前文化。

（二）传说文化

传说时代也称“神话时代”，始于盘古开天辟地，传说盘古可能是早期开辟疆土的领袖；女娲补天造人的神话，则表明女娲可能是教化婚配生育的首领；传说燧人发明钻燧取火，神农开创农业及医药，伏羲教民渔、猎、畜牧，创造八卦、文字：此即三皇。三皇之后的首领有黄帝、颛顼、帝喾、尧、舜，称为五帝。五帝时期，古黄河水患严重，大禹以疏导之法成功治水，被推为王，由于无确切文字记载，三皇五帝的说法不一。

（三）先秦文化

先秦是中国传统文化由原始文化发展到国家形态文明的时期，先秦文化是中国古代文化的第一个高峰，对后世文化影响巨大，先秦文化的出现标志着中国传统文化的形成。

1. 夏代文化

夏代是中国有文献记载的第一个朝代，约公元前 2070 年至约公元前 1600 年，都城在阳城（今河南登封）。夏代标志着中国古代原始部落社会结束，国家机制形成，中国由此进入一个有国家行政管理的时代。

（1）天文历法。

夏代的天文历法文化比较发达，天干地支的概念出现，相传今天使用的农历又叫夏历或阴历，就来源于夏代。

（2）青铜器出现。

夏代青铜器是中国青铜历史上的快速发展时期，《史记・封禅书》有记载：“禹收九牧之金，铸九鼎。”《越绝书》有记载：“禹穴之时，以铜为兵。”偃师二里头遗址青铜铸造作坊面积超过 1 万平方米。这都证实了我国夏代就已经广泛使用青铜器了。

（3）官制比较完善。

夏代产生了国家形态，国家机构开始建立，行政的执行者——“官”孕育而生，《礼记・名堂位》有记载：“有虞氏官五十，殷二百，周三百。”说明当时官制已相对完善，为后世的官制奠定了基础。

2. 商代文化

商代约公元前 1600 年至公元前 1046 年，最早建都河南商丘，后迁至殷（今河南安阳），所以后世称为“殷商”。

（1）青铜器制造水平达到顶峰。

青铜器的冶炼与制造技术在商代达到顶峰，目前国内很多出土的青铜器都是商代的，最具代表的就是“后母戊”青铜方鼎，其精美程度举世无双。

（2）甲骨文的出现。

19 世纪末在河南安阳小屯村陆续发现了 10 万余片甲骨文，可识别文字达到 2 500 多个。这些文字都是雕刻在龟甲或兽骨上，所以称为甲骨文。甲骨文记载着商人占卜的情况，一般包括政治、军事、文化、社会习俗，部分涉及天文、历法、医药等。甲骨文是典型的象形文字，我们现在使用的汉字正是由这些象形文字演化发展而来的，因此汉字也是世界上唯一还在广泛使用的表意性的文字。

（3）儒的出现。

商代祭祀盛行，上至国家大事，下至平民婚丧嫁娶，人们都要通过祭祀的方法来占卜，以测吉凶。从而出现了一部分掌握祭祀专业知识与技能的人，被人们称为“术士”或“儒”。“儒”代表着我们今天所说的知识分子，知识分子这个群体从此在商代兴起。

3. 周代文化

周代，公元前 1046 年至公元前 256 年，建都镐，在今陕西西安。周平王东迁后，史称东周，建都洛邑，在今河南洛阳。东周又分为春秋时期与战国时期。

（1）分封制的出现。

“封建”的意思就是封邦建国，周代君王将土地封赐给有功之臣或后代，以分层管理的形式建立宗法制国家。分封制是周代社会制度的主要形式，分封制的前提是建立分封的规矩，也就是礼法。《周礼》的出现说明中国古代从此步入了有制可依、有章可循的时代。

（2）“子学”的繁荣。

分封制造就了社会多元的发展，同时带来了文化的繁荣，“子学”的兴起成为中国古代第一个文化高峰。所谓“诸子之学，百家争鸣”，春秋战国时期出现了中国各类学术成就集中呈现的状况，“子学”也成为后世学术活动取之不尽的思想源泉。

这一时期形成了《诗》《书》《礼》《易》《春秋》《论语》《墨子》《老子》《庄子》《孟子》等经典著作，系统地阐述了中国这一时期文人的理念，包括人文精神、天道自然的宇宙生成论、忧患意识以及阴阳、有无、道法等范畴。正所谓“诸侯异政，百家异说”，为后世中国精神文化的发展和壮大埋下火种。

（四）两汉经学文化

经书是指经典的著作或宗教典籍，汉代独尊儒术后特指儒家经典学说，《四库全书》经部就收录了众多经学著作。经学产生于西汉，孔子编著《诗》《书》《礼》《易》

《乐》《春秋》，后世统称为六经。儒生们以六经为范本学习儒家思想，《乐》后失传，遂称为“五经”。

汉武帝继位后，为适应大一统的政治局面和加强中央集权的统治，采纳董仲舒“罢黜百家，独尊儒术”的建议。董仲舒改造儒家思想，使其成为官方认可的统治思想。

（五）魏晋玄学文化

玄学是汉末魏晋时期至宋朝中叶出现的一种崇尚老庄、研究幽深玄远问题的哲学思潮。《老子》中有一句话，“玄之又玄，众妙之门”。此后玄学成为魏晋时期的学术主流。

在东汉末年经学衰落之际，玄学出现，推崇以自然为本，以名教为末，探讨本末有无，即宇宙的本体问题。玄学大体上分为三派：以何晏、王弼等为代表的玄理派，以王衍为代表的清谈派，以嵇康、阮籍等“七贤”为代表的狂放派。玄学思潮开创了中国文化史上的新时期，其核心内容涉及哲学上的各个领域，如本体论、知识论、语言哲学、伦理学、美学等。

（六）隋唐佛学文化

佛教源于印度，两汉时期传入中国，魏晋南北朝时得到传播，在隋唐时期得到空前发展。佛教经过漫长的传入、传播，逐渐中国化，唐朝的六祖慧能创造禅宗之后，标志着佛教已经中国化、本土化，与中国文化相融合了。

史书记载，隋代佛教寺院达四五千所，到唐代寺院更是增到四万多所，随着佛教的兴盛，人们还开凿了石窟，最具代表的就是敦煌莫高窟和洛阳龙门石窟。佛教在唐朝也形成了众多的佛教宗派，如华严宗、禅宗、密宗、净土宗等。

（七）宋明理学文化

理学是中国古代精致、完备的理论体系，其影响至深至巨。理学的天理是道德神学，同时成为儒家神权和王权的合法性依据，理学以儒家学说为中心，兼容佛道两家的哲学理论。

北宋时，儒家学者冲破汉唐儒学的束缚，融合佛道思想来解释儒家义理，形成了以理为核心的新儒学体系——“理学”。理学是儒释道三教合一的产物，是更为理性化、思辨化的思想体系。具有代表性的理学家如下：

周敦颐，宋明理学之鼻祖，为宋明理学发展奠定了基础，为程颢、程颐的老师，其对朱熹的思想形成有着重要影响。

程颢和程颐，确定了理学的最高范畴“天理”（这里的“天理”是指封建的等级秩序和道德规范，或以“三纲五常”为核心的封建伦理道德），并主张先理后物，提出“格物致知”的认识论，物皆有理，把知识、道理、天理联系起来。

朱熹，为集理学之大成者，主张天理是道德规范的“三纲五常”，强调“存天理，灭人欲”，提出通过学习、实践提高自身的修养（“格物致知”）的目的是明道德之善。朱熹明确提出主客体对立的心物范畴，强调以吾心之知去认识事物之理的“主宾之辨”。

程朱理学适应了统治者的政治需要，成为南宋以后长期居于统治地位的官方哲学，有力地维护了封建专制统治。但三纲五常的纲常名教严重地束缚了人的思想和生活。朱熹的学术思想对日本、朝鲜和欧洲产生了深远的影响。

南宋时期理学发展到心学，陆九渊是心学的开创者，其核心命题是“心即理也”，意思是本心即天理——世界的本源是心。他的名言是：“宇宙便是吾心，吾心便是宇宙。”王守仁是心学的集大成者，宣扬“心外无物，心外无事，心外无理”。王守仁反对把孔、孟的儒家思想看成一成不变的戒律，反对盲目地服从封建的伦理道德，而强调个人的能动性，他提出“致良知”的哲学命题和“知行合一”的方法论，具有要求冲破封建思想禁锢、呼吁思想和个性解放的意义。

（八）明清实学文化

晚明实学思潮使得这个时期的学术文化具有蓬勃生机，而且以强大的生命力延续到清初，更发展出博学派、经史派等流派，其多重视实用及自然科学的研究。晚明时期，数学、物理学、天文学、地理学、植物学、医学、声律学等诸多学科以及机械、冶金、农业、水利、等技术分支都展开了大规模的科学总结和创新。

清代中叶之后，由于经济的繁荣及文字狱的压迫，考据学大兴。在文献学方面，有集全国之力完成的《古今图书集成》和《四库全书》。

启蒙实学，是指从明中叶至晚清时期，随着西学的大量输入，出现的一股具有近代启蒙意义的意识形态，它既表现为在社会政治领域的另一种性质的经世之学，又表现为在哲学与文艺领域的某些启蒙思想的因素。

四、中国传统文化的现代价值

在中国传统文化中体现的安贫乐道的精神操守、内外和谐的生存之道、修身齐家平天下的人生理想，塑造了中国传统的基本社会理想和政治伦理文化。历史发展到今天，中国传统文化的现代价值就凸显出来。

当今世界正发生着复杂深刻的变化，经济全球化和区域经济一体化为各国在更为广泛的领域、更深层次上的合作提供有利条件。但是，在全球化加剧的背景下，西方文化思想中的“丛林法则”给广大发展中国家带来了灾难性的影响，让世界和平也蒙上了一层阴影。在世界和平发展中，不良的竞争和暴力发展的路径并不适合未来的世界格局。

“以和为贵”是中国人崇尚的相处之道，是几千年来自始至终都没有改变的中国传统文化思想。中国文化中“尚和”的思想，在国家关系上，体现为倡导“协和万邦”，主张和平；在社会关系上，体现为“同舟共济”，共建和谐；在家庭关系上，体现为“家和万事兴”，讲究和睦；在文化关系上，体现为“和而不同”。在面对当今复杂的国际环境时，中国以和平共处五项原则应对国际争端，化解国家或地区间的矛盾，是值得肯定并发扬的。

思维导图（微课）

学后心得：

任务 3　文化实践任务单

<table>
<tr><td>执行任务人</td><td colspan="3"></td><td>班级</td><td></td></tr>
<tr><td>任务名称</td><td colspan="5">绘制中国传统文化历史节点图</td></tr>
<tr><td>任务背景</td><td colspan="5">中国传统文化根植于深厚的历史背景之中，想要了解中国传统文化的传承，必须对中国历史有一定了解，请运用思维导图的形式将你认为重要的历史节点绘制出来</td></tr>
<tr><td>任务实施</td><td colspan="5">(1) 了解思维导图的绘制方法
(2) 将你认为的对中国传统文化上有重大影响的历史事件列出来
(3) 根据时间索引绘制图形
(4) 将四次民族大融合标记出来</td></tr>
<tr><td>任务成果展示</td><td colspan="5"></td></tr>
<tr><td rowspan="6">任务综合评估</td><td rowspan="4">教师评分</td><td>评价标准</td><td>分值</td><td>得分</td><td>备注</td></tr>
<tr><td>历史节点时间、事件描述准确</td><td>40</td><td></td><td></td></tr>
<tr><td>图形绘制得完整、详细，结构严谨</td><td>30</td><td></td><td></td></tr>
<tr><td>图形分析到位，结论合理，形态美观</td><td>30</td><td></td><td></td></tr>
<tr><td>学生互评评语</td><td colspan="4"></td></tr>
<tr><td>自我修正及感悟</td><td colspan="4"></td></tr>
</table>

学生任务完成情况记录：

项目二

中国古代哲学思想

◇ 项目导读：

哲学和艺术是一个民族的灵魂的映射，中国古代哲学是中国传统文化的精髓和灵魂，其博大精深和源远流长足以与古希腊哲学相比肩。中国古代哲学是对宇宙生成的独特认识和对生命意义的关注，深刻影响着中国文化乃至东方文化的发展，从而造就了东西方文化风格的不同。

中国古代哲学是中国传统文化的一部分，中国传统文化是中国古代哲学诞生的土壤，中国古代哲学又反过来对中国传统文化产生了深远的影响。可以说中国传统文化之所以成为今天我们所见的样子，在很大程度上是由中国古代哲学思想塑造出来的。

◇ 学习目标：

（1）了解中国古代哲学的由来与发展。

（2）了解儒释道三家哲学的主要思想。

（3）掌握分析古代哲学流派的方法。

◇ 理论要求：

了解中国古代哲学流派的相关知识。

◇ 技能要求：

具备辨别中国古代哲学流派的能力。

◇ 素质要求：

传承中国古代哲学思想，发展现代中国哲学文化。

任务1 课前自测

◆ 判断题

1. 孔子曾经称赞老子“其犹龙邪”。 （ ）
2. 孟子继承了孔子的儒家思想，是孔子的亲传弟子之一。 （ ）
3. 早在明代就有思想家提出“男女平等”思想。 （ ）
4. 唐代玄奘法师是第一个成功到达印度并取到佛教经书的人。 （ ）
5. 儒家学派代表人物荀子主张“性本恶”。 （ ）
6. “焚书坑儒”就是将当时所有书籍烧毁，并且坑杀儒生。 （ ）

学前思考：

写一写你心目中的中国古代哲学思想是什么样的?

____

____

____

____

任务 2　文化解读

中国古代哲学思想具有丰富的哲学理论，又包含深邃的信仰操守，特别是儒家的进取、道家的规律、佛家的奉献，千百年来闪烁着智慧的光芒，是我们文化自信的源泉。我们一般把这三种哲学思想叫作“儒释道”或“儒佛道”，是中国古代哲学思想的主要代表。

一、儒家及其思想

儒家又称儒学、儒家学说，是中国古代最有影响的思想学派。儒家思想，是中国思想价值体系的一种，是中华法系的法理基础，是对中国及东方文明产生重大影响的意识形态，是泛东亚地区的基本文化信仰。儒家在最初指的是冠婚丧祭时的司仪，自春秋起指由孔子创立的后来逐步发展成以仁为核心的思想体系。

（一）儒家思想起源

关于儒家的起源，有学者认为，儒者是指一种以宗教为生的职业，负责治丧、祭神等各种宗教仪式，从古代文献中可以看到“儒”字在儒家形成以前就出现在很多典籍中，主要服务于当时的王公贵族，因为熟悉诗书礼乐，儒士的文化素质一般比较高，所以“儒”也指一些设教传授知识的学者。

儒家学派之前，古代社会贵族和自由民通过“师”与“儒”接受传统的六德（智、信、圣、仁、义、忠）、六行（孝、友、睦、姻、任、恤）、六艺（礼、乐、射、御、书、数）的社会化教育。从施教的内容看，中国古代的社会教育完全是基于中华民族在特定生活环境中长期形成的价值、习惯、惯例、行为规范和准则等文化要素之上进行的，儒家学派全盘吸收这些文化要素并上升到系统的理论高度。

儒家学派的创始人孔子第一次打破了封建世袭阶级垄断教育的局面，变“学在官府”为“有教无类”，使传统文化教育传播到整个民族。这样儒家思想就有了坚实的民族心理基础，为全社会所接受并逐步儒化全社会。孔子赋予士、君子和圣人等名词的新意义，这些名词原是旧有的，孔子赋以新的意义，不复指世袭的贵族，而是指具有理想人格的人才。儒家逐步发展出基础理论和思想，并建立了适应皇朝君主制的一套制度。例如，建立了从民间选拔政府官员的制度——察举制。传统中国的最基层政府的职能和机构相当简单，一直保持着由士绅领导的民间自治方式，这些都和儒学有密切关系。

在汉武帝之前，原战国各学派思想逐渐恢复，尤以儒家及道家两派为盛。汉朝初期各君主主要奉行“与民休息，无为而治”的道家思想，惟七国之乱平定后，汉朝中央政府权威空前强大，为了巩固自己的地位，急切需要大一统的思想标准。但是随着发展，到汉武帝时，国家日益需要完整及深厚的哲学思想来维护政权的权威。董仲舒提出“春秋大一统”和“罢黜百家，独尊儒术”，强调以儒家思想为国家的哲学根本，杜绝其他思想体系的根本。汉武帝采纳了他的主张，从此儒学成为正统思想，研究四书五经的经学也成为显学。在汉朝的儒家思想普及过程中，很多社会问题得到解决。儒家思想倾向于以秩序管理国家，政治家们以此为根据，限制土地过分集中，同时建立完善的等级体系。董仲舒还强调“天”的至高无上的地位，如果君王施政不仁，天就会有所表示，称为“天人感应”，这意味着君权之上还有一个神权，有浓厚的宗教色彩，对君王有一定的制衡作用，这是汉儒的一个特点。

（二）儒家的思想

儒家思想指的是儒家学派的思想，由春秋末期思想家孔子所创立。孔子创立的儒家学说是在总结、概括和继承了夏、商、周三代尊尊亲亲传统文化的基础上形成的一个完整的思想体系。司马迁在《史记·孔子世家》中说孔子“乃因史记作春秋，上至隐公，下迄哀公十四年，十二公。据鲁，亲周，故殷，运之三代”。儒家学派的创始人孔子说过，“述而不作，信而好古”是自己的思想本色。

1. 天下归“仁”

“仁”是儒家学说中的一个核心概念，无论从修身、齐家的角度，还是治国、平天下的角度，仁义之道都是儒者的根本精神。“仁”首先是一种足以使人诚服的人格魅力，是一种人格美的展示，是一种爱的艺术的实践。“仁”倡导一种道德个人主义，把“己所不欲，勿施于人”“将心比心，推己及人”确立为基本的道德原则，强调一种在移情式理解基础之上的人际互爱。“仁”是孔子匡时济世之良方，其教育目标是培养“仁人君子”，既具有“仁者爱人”“泛爱众”的人格情操，又具有为实现“天下归仁”而奋斗的殉道精神。“仁”要求君子须以诚信待人，以恭敬律己，同时还必须摆脱物欲的束缚。

《论语·颜渊》：“樊迟问仁。子曰：爱人。”仁者爱人是指人要相互关爱，相互帮助，真诚相待，由内及外，由近及远，从爱父母推及至爱全体社会成员的一种道德理性的推衍过程。

首先是“爱亲”，即爱与自己有血亲关系的人。《论语·学而》中谈到“孝弟（悌）也者，其为人之本与”，可以看出孝悌是“仁”的根本。《中庸》中也引孔子的话“仁者，人也，亲亲为大”，意思是“仁爱”的品德是人本身所具有的，爱自己的亲人是最基本的。百善孝为先，孝是子女对父母的敬爱之情。另外，“爱人人”，即爱不是你亲人的所有人。作为孔子核心思想的“仁”，发端于亲情却又不仅仅是亲情。它从亲情的孝悌出发，层层向外推广，上升为君臣间的忠、朋友间的信，最后达到“泛爱众”，上升为普遍的人类之爱。

《论语·学而》言：“弟子入则孝，出则悌，谨而信，泛爱众而亲仁。”也就是说，年轻人在家要孝顺父母，出门在外要敬重长上，做事要严谨讲信誉，博爱众人，这样做就接近于仁了。孔子强调人为贵。《论语·乡党》载：“厩焚。子退朝，曰：‘伤人乎?’不问马。”马棚失火了，“只问人，不问马”表明了重人不重财。另外，爱无差。例如，“博施于民而能济众”（《论语·雍也》），“四海之内皆兄弟也”（《论语·颜渊》）。

2. 克己复“礼”

孔子以“礼”救世，希望能建立一个理想的礼治社会。“礼”是孔子思想中的重要内容。正所谓克己内省，严格要求自己，“非礼勿视，非礼勿听，非礼勿言，非礼勿动”。在孔子的思想体系中，“仁”与“礼”是一个不可分割的整体，二者相辅相成，“克己复礼为仁”。也就是说，每个人克制住自己的欲望，使一切言行都符合礼的要求，即为“仁”。孔子提出“仁”的思想，以“礼”的行动方式来具体体现。

礼学诞生的标志是思想家、政治家们针对三代（夏、商、周）礼治由盛而衰、由衰而毁所导致的社会动荡，自觉反思礼的存在，张扬礼的价值，提升礼的地位，探究礼的由来。儒家是三代礼乐文化的继承者、接受者。礼是先秦儒家最为重要的范畴之一，甚至构成先秦儒家思想的核心。从“复礼”的愿望、“守礼”的立场出发，探讨三代之治乱，揭露现实之弊端，论说礼和礼治的价值，批评法治的危害性，这是孔子、孟子和荀子等的礼学思想共同的理路。比较而言，孔子更重视对三代之礼的历史考察、对德礼和情礼关系的多方面的分析；孟子更重视对礼的内在性的证明、对三代丧礼中厚葬久丧特征的坚守；而荀子更重视对礼之价值和本质的多层面探究、对礼乐关系和礼法关系的多维度的思考。

孔子认为，社会政治之乱根源在于礼的毁坏与丧失，变乱为治的根本手段就是重新拾起被毁弃的礼，恢复礼治。为此，孔子从三代之礼的相因与损益入手，承认三代之礼在礼仪层面的变化发展，坚持三代之礼的宗法等级性。

礼在荀子哲学中居于核心地位，荀子哲学的方方面面都是围绕着礼的阐述而展开的。大体上说，荀子礼学包括礼之价值、礼之本质以及礼乐观和礼法观等方面的内容。就礼之价值来说，荀子认为礼具有政治价值、人生价值和形上价值；就礼之本质来说，荀子认为礼主要指政治制度，兼具道德规范和宇宙之道的双重意蕴；就礼乐观来说，荀子认为礼乐同功、同源，还有相同的效法对象；就礼法观来说，荀子认为礼中有法，在政治层面礼法并重，在理论层面礼尊法卑。

3. “和” 而不同

“礼”的行为目的是“和”。孔子倡“礼”，是要自己、别人、社会循“礼”，目标是“和”；孔子贵“仁”，甚至于“杀身成仁”，无非是“天下归仁”后的“和”；“中庸”也不过是适度，其最大的目的还是“和”。由此可见，“礼”是改革社会的标准，“仁”是对待事物的态度和手段，“中庸”是处理问题的方法，但其最终的理想却是“和”。无论是“礼”“仁”，还是“中庸”，孔子所希望达到的都是“和”。

“和为贵”，句出《论语》“礼之用，和为贵。先王之道，斯为美，小大由之。有所不行，知和而和，不以礼节之，亦不可行也”。孔子认为，礼的推行和应用要以和谐为贵。但是，凡事都要讲和谐，或者为和谐而和谐，不受礼文的约束也是行不通的。这是说，既要遵守礼所规定的等级差别，相互之间又不要出现不和。“和”是宽容主义精神的表现，是理论理性的体现。和睦的人际关系，和谐的社会环境，对于人的生存和发展至关重要。

《论语・子路》:“君子和而不同，小人同而不和。”孔子说：“君子在人际交往中能够与他人保持一种和谐友善的关系，但在对具体问题的看法上却不必趋同于对方。小人习惯于在对问题的看法上迎合别人的心理、附和别人的言论，但在内心深处却并不抱有一种和谐友善的态度。”在这里，“和”是儒家重要的价值原则，是品评人物，区分君子、小人的标准。可以说“和”“同”在这里的主要区别就在于原则性，承认差异，有差异的统一才是“和”。

二、佛教及其思想

佛教与基督教、伊斯兰教并称为世界三大宗教。公元前 6 世纪左右，释迦牟尼于古印度创建佛教，之后在亚洲及其他世界各地传播，对许多国家的社会政治和文化生活产生过重大影响。

（一）佛教在中国的发展

佛教发源于古印度，后经过南北两个方向向外传播。南传佛教以小乘为主，主要流传于斯里兰卡、泰国、缅甸、老挝、柬埔寨等东南亚国家；北传佛教以大乘为主，主要流传于中国、朝鲜、韩国、日本及越南等国家，我国学术界普遍认为佛教于两汉之际逐渐传入中国。

中国与印度的文化交流早在秦汉之际就开始了。汉恒帝时，西域安息人安世高和月氏人来到中国译经传教，佛经的翻译和流传标志着佛教正式在中国传播。

魏晋南北朝时期，社会动荡不安、分崩离析，人们不是倾向于现实、追求奢靡的生活，便是逃避现实、追慕高远的境界，而佛教思想中关于人生的“苦”的基本观念正好契合社会现实，使得人们追求超脱，向往净土。

隋唐时期，政治、经济、文化等领域都获得了空前的发展，佛教在统治阶级的扶植下也进入了鼎盛时期。说到唐代的佛教，我们很自然地就会想到“唐僧取经”的故事，虽然《西游记》中唐僧取经和他的三个徒弟降妖伏魔的故事是小说家夸张地描述了这一历史事实，但从侧面反映出唐太宗李世民对佛教的推崇。

两宋时期，君王对于佛教基本都是采取扶持政策，比较重视佛教文化事业的发展。佛教在中国经过长时间的发展，主要有汉传、藏传和南传佛教三大派别。

藏传佛教，又称藏语系佛教，或俗称喇嘛教，是指传入中国西藏的佛教分支，宁玛派、萨迦派、噶举派、噶当派和格鲁派是藏传佛教的五大支系。

南传佛教，又称上座部佛教，盛行于东南亚的缅甸、泰国、柬埔寨和老挝，南亚的斯里兰卡，以及我国的云南省。云南的德宏傣族景颇族自治州、思茅区、临沧市、保山市的傣族、布朗族、阿昌族、佤族的一些群众信仰南传佛教。

禅宗是中国佛教中流传最广、影响最大、最中国化的宗派。禅宗的“禅”意译为静虑。静虑是印度各种教派普遍采用的休息方式，印度佛教中没有禅宗，所以禅宗纯粹是中国佛教的产物，它因主张禅定来进行修习而得名，其实际创始人为唐代慧能禅师。

净土宗相传为东晋僧人慧远在江西庐山首创，唐宋之后，净土宗与禅宗逐渐合流。

（二）佛教的思想

佛教的思想可归纳为“四谛”“八正道”“十二因缘”“三法印”等，其基本精神就是空、苦两论。在公元前 1 世纪左右，大乘佛教兴起，陆续出现一批大乘思想的经典，在理论上发挥了空、中道、实相、六度的学说，对佛教思想有所发展。

三、道家及其思想

儒释道（微课）

道家又称“道德家”，是指以老子和庄子的思想为宗脉的学术派别称的总称，是春秋战国时期兴起的诸子百家中重要的学派之一，道家创立人是老子，代表人物是庄子。道家思想对中国政治、经济、文化等方面都产生了相当广泛的影响，已渗透到中华民族的风俗习惯、思维方式和民族性格之中。

（一）道家思想起源

《汉书·艺文志》曾记载，道家书籍有《黄帝四经》《黄帝铭》《黄帝君臣》《杂黄帝》《力牧》《伊尹》《太公》《辛甲》《鬻子》《管子》等，道家思想与伏羲、女娲、神农、黄帝、伊尹、许由、巢父、伊尹、姜太公、辛甲、鬻子、管子等人的治世思想有关。

春秋末年，以老子《道德经》的问世为标志，道家思想已经完全成型。《道德经》是道家哲学思想的重要来源，是春秋时期老子所著的哲学作品，又称《道德真经》《老子》《五千言》《老子五千文》。司马迁在《史记·老子传》中记载老子“居周久之，见周之衰，乃遂去。至关，关（令）尹喜曰：子将隐矣，强为我著书，于是老子言道德五千言而去，莫知始终”。尹喜感动了老子，老子遂以自己的生活体验和王朝兴衰成败、百姓安危祸福为鉴，溯其源，著上、下两篇，共五千言，即《道德经》。老子集古圣先贤之大智慧，总结了古老的道家思想的精华，形成了完整的道家系统理论，标志着道家思想已经正式成型。其学说以“道”为最高哲学范畴，认为“道”是世界的最高真理，“道”是宇宙万物的本源，“道”是宇宙万物赖以生存的依据。

秦国统一中国之前，吕不韦组织人员编撰《吕氏春秋》，此书以道家思想为主干，融合各家学说，显然，吕不韦想以此作为大一统后的意识形态。但后来执政的秦始皇却选择了法家思想，使包括道家在内的诸子百家全部受挫。

汉朝建立后，由于长期战乱的破坏，在反思秦统治思想的基础上，开始选择道家作为治国思想，并造就了一个名为“文景之治”的盛世。汉武帝执政后，采纳董仲舒的建议，“崇尚儒术”，道家的发展暂时受到压制。

魏晋南北朝时期，谈玄之风兴起，道家思想再次兴起，不过这一次的重点不是黄老，而是对老庄的重新阐释，并形成了影响深远的魏晋玄学。此后老庄成为道家正统，一直延续至今。

（二）道家的思想

“道”是中国古代哲学的重要范畴，用以说明世界的本原、本体、规律或原理。道的原始含义指道路、坦途，以后逐渐发展为道理，用以表达事物的规律性。这一变化经历了相当长的历史过程。老子把“道”看作宇宙的本原和普遍规律，成为道家的创始人。此后，在不同的哲学体系中其含义虽有不同，但基本上成为世界本原、本体、规律或原理的代名词。

1. 道法自然

宇宙天地和世界万物从哪里来？到哪里去？这是事关人类存亡和宇宙本源的终极问题。老子对宇宙本源做了完美的解释，即“道”。道的含义包括四个方面：第一，“道”是天地万物的本源；第二，“道”是自然而无为；第三，“道”是无形无名；第四，“道”无所不在，无时不在。人需要尊重自然规律，以自然规律的运行为依据，道自然而然。

2. 无为而治

“无为而治”并不是什么也不做，而是不过多地干预，充分发挥万民的创造力，做到自我实现，走向崇高与辉煌。“无为”不是无所作为，而是不妄作为。因为不违背客观规律，遵循客观规律而为，所以无所不为，就是什么都可以做，只要你遵循道，遵循客观规律。

3. 清静为天下正

老子在《道德经》第四十五章说：“大成若缺，其用不弊。大盈若冲，其用不穷。大直若屈，大巧若拙，大辩若讷。燥胜寒，静胜热。清静为天下正。”清静可以使人清心寡欲，使自己的身心不受外界的侵扰，保持身心的安宁。任凭风起云涌，我自静如止水，唯有冷静、沉着才能做出正确的抉择。所以，清静为天下正。

四、其他流派思想

春秋时代，由社会内部不可调和的矛盾引起的深重危机冲击了传统文化的权威性，对传统文化的怀疑与批判与日俱增，未来究竟是个什么样的社会模式，就成了举世关注的大问题，并在思想界引起了一场百家争鸣式的大辩论。当时代表社会各个阶层利益的诸子百家，纷纷提出各自的主张，其中一个主要的争论焦点就是如何对待传统文化的问题。围绕这个问题而进行的思想交锋中，儒、道两大思想流派最具代表性。另外还有墨家、法家、阴阳家等学派，可谓学派林立，促进了中国传统文化的发展。

（一）阴阳家

阴阳家，诸子百家之一，是盛行于战国末期到汉初的一种哲学流派，齐国人邹衍是其创始人，阴阳家的学问被称为“阴阳说”，其核心内容是“阴阳五行”。司马迁在《史记》中称阴阳家的学问“深观阴阳消息，而作迂怪之变”。《吕氏春秋》《淮南子》《春秋繁露》则直接受到邹衍学说的影响。《史记》记载：《易》，著天地、阴阳、四时、五行，故长于变。故阴阳五行观点最早由《周易》提出。阴阳家思想将自古以来的数术思想与阴阳五行学说相结合，并进一步发展，建构了规模宏大的宇宙图式，尝试解说自然现象的成因及其变化法则。

（二）法家

法家，诸子百家之一，是中国历史上提倡以法治为核心思想的重要学派，以富国强兵为己任，《汉书·艺文志》将其列为“九流”之一。法家不是纯粹的理论家，而是积极入世的行动派，它的思想也是着眼于法律的实际效用。法家思想包括伦理思想、社会发展思想、政治思想以及法治思想等诸多方面。法家伦理思想指的是建立在人性观基础上的诚信观和义利观。

法家成熟很晚，但成型很早，最早可追溯于夏商时期的理官，成熟在战国时期。法家是战国时期平民的政治代言人，在政治上可谓是“独步天下”，强调“不别亲疏，不殊贵贱，一断于法”。作为一种主要派系，法家思想提出了至今仍然影响深远的以法治国的主张和观念，这就足以见得其对法制的高度重视，以及把法律视为一种有利于社会统治的强制性工具。这些体现法制建设的思想一直被沿用，成为古代中央集权者稳定社会动荡的主要统治手段。

（三）墨家

墨家，诸子百家之一，是中国东周时期的哲学派别，其与“名家”“数术家”等并列为先秦诸子百家中专门研究“自然科学”的学派。墨家约产生于战国时期，创始人为墨翟（墨子）。墨家是一个纪律严密的学术团体，其首领称“钜子”，其成员到各国为官必须推行墨家主张，所得俸禄亦须向团体奉献。墨家学派有前后期之分：前期思想主要涉及社会政治、伦理及认识论问题，关注现世战乱；后期思想在逻辑学方面有重要贡献，开始向科学研究领域靠拢。

墨家的主要思想主张是：人与人之间平等地相爱（兼爱），反对侵略战争（非攻），推崇节约和反对铺张浪费（节用），重视继承前人的文化财富（明鬼），掌握自然规律（天志），等等。

（四）名家

名家，诸子百家之一，又称“讼者”“辩者”“察士”“刑名家”。中国严谨逻辑思想之开创者，和西方逻辑思想之先锋亚里士多德同期。其与“墨家”“数术家”等并列为先秦诸子百家中专门研究自然科学的学派。

古代名家“辩者”以严谨逻辑思想而闻名。名家在中国开创了逻辑思想探究，包括对思想中最基本的元素“实”与“名”和各命题关系的诠释，著名的命题包括“历物诸题”“辩者诸事”等，著名人物有邓析、公孙龙、宋钘、尹文、惠施、鲁胜、吕才、叶适、傅山、程智等人。

（五）纵横家

纵横家，是谋圣鬼谷子创立的学术流派，在战国时期以从事政治外交活动为主的一派，《汉书·艺文志》将其列为“九流十家”之一。在春秋战国时期，“纵横家”是指一个独特的谋士群体，可称为中国五千年中最早也最特殊的外交政治家。他们朝秦暮楚，事无定主，反复无常，设谋划策多从主观的政治要求出发。其祖鬼谷子，曾授苏、张、孙、庞四大弟子，皆战国时风云人物。主要思想为纵横，或合众弱以攻一强，此为纵；或事一强以攻诸弱，此为横。前者主要以连为主，故可知如何能用外交手段联合团结，是为阳谋多阴谋少；后者主要以破为主，故可知如何利用矛盾和利益制造裂痕，是为阴谋多而阳谋少。合纵派的主要代表是公孙衍和苏秦，连横派的主要代表是张仪。

五、思想流派主要代表人物

1. 老子（生卒年不详）

老子，姓李名耳，字聃，一字伯阳，或曰谥伯阳，春秋末期人，《史记》等记载老子为楚国苦县厉乡曲仁里人（今河南省鹿邑县）。老子是中国古代思想家、哲学家、文学家和史学家，是道家学派创始人和主要代表人物，与庄子并称“老庄”。后被道教尊为始祖，称“太上老君”，在唐朝，被追认为李姓始祖，被列为世界文化名人。

老子曾担任周朝守藏室之史，以博学而闻名，孔子曾入周向他问礼。老子的成就主要体现在《老子》里，又名《道德经》或《德道经》，和《易经》《论语》一起被认为是对中国人影响最深远的三部思想巨著。

老子（图片）

老子思想的主要范畴是“道”，“天道自然无为”是《老子》一书的主旨。老子认为世界上的任何事物都是相比较而存在的。美丑、善恶、有无、难易、长短都是相互依存的，有此才有彼，有是才有非，有善才有恶。表面看来，正相反对的两个方面是相互对立的，而实际上又是相互包含、相互渗透的。“祸兮，福之所倚；福兮，祸之所伏”，任何事物都是你中有我，我中有你，任何事物都不是一成不变的。

2. 孔子（公元前 551—公元前 479 年）

孔子，子姓，孔氏，名丘，字仲尼，春秋时期鲁国（今山东省曲阜市）人，中国古代思想家、政治家、教育家，儒家学派创始人。

孔子开创私人讲学之风，倡导仁义礼智信，其中贤人七十二最为著名，曾带领部分弟子周游列国十四年。去世后，其弟子及再传弟子把孔子及其弟子的言行语录和思想记录下来，整理编成《论语》，该书被奉为儒家经典。

孔子（图片）

孔子的祖上是宋国的贵族，孔子创立了以仁为核心的道德学说，他自己也是一个很善良的人，富有同情心，乐于助人，待人真诚、宽厚。“己所不欲，勿施于人”“君子成人之美，不成人之恶”“躬自厚而薄责于人”等，都是他的做人准则。“吾十有五而志于学，三十而立，四十而不惑，五十而知天命，六十而耳顺，七十而从心所欲，不逾矩”是孔子对自己一生各阶段的总结。

3. 墨子（公元前 468—公元前 379 年）

墨子，名翟，春秋末期战国初期宋国人，是平民出身的哲学家。作为一介平民，墨子在少年时代做过牧童，学过木工。墨子是中国古代思想家、教育家、科学家、军事家，是墨家学派创始人和主要代表人物。

墨子主张“兼爱”“非攻”，提出“尚贤”“尚同”的政治思想，主张从天子、诸侯国君到各级正长，都要“选择天下之贤可者”来充当；而人民则要服从君上，做到“一同天下之义”，天下人都要相亲相爱，反对以强凌弱的战争。作为先秦墨家的创始人，墨子在中国哲学史上产生过重大影响。今存《墨子》一书中的《尚贤》《尚同》《兼爱》《非攻》《节用》《节葬》《天志》《明鬼》《非乐》《非命》等篇，都是其弟子或再传弟子对他的思想言论的记录。

4. 孟子（公元前372—公元前289年）

孟子，名轲，字子舆，邹国（今山东邹城东南）人，中国古代哲学家、思想家、教育家，是孔子之后、荀子之前的儒家学派的代表人物，与孔子并称“孔孟”。

孟子是鲁国贵族孟孙氏的后裔，他宣扬“仁政”，最早提出“民贵君轻”思想，被韩愈列为先秦儒家继承孔子“道统”的人物，元朝追封为“亚圣”。孟子的言论著作收录于《孟子》一书，其中《鱼我所欲也》《得道多助失道寡助》《寡人之于国也》和《生于忧患，死于安乐》等篇编入中小学语文教科书中。

孟子的主要思想是仁、义、善。《孟子》全书并非全是孟子手笔，部分为孟子弟子所记。该书主要思想为：在人性方面，主张性善论，认为人生来就具备仁、义、礼、智四种品德。人可以通过内省去保持和扩充它们，否则将会丧失这些善的品质。

5. 庄子（约公元前369—公元前286年）

庄子，名周，战国时期宋国人，中国古代思想家、哲学家、文学家，道家学派代表人物，与老子并称“老庄”。

庄子因崇尚自由而不应楚威王之聘，仅担任过宋国地方的漆园吏，史称“漆园傲吏”，被誉为地方官吏之楷模。他最早提出的“内圣外王”思想对儒家影响深远，其作品收录于《庄子》一书，代表作有《逍遥游》《齐物论》《养生主》等。

庄子在哲学思想上继承和发展了老子“道法自然”的思想观点，使道家真正成为一个学派，他自己也成为道家的重要代表人物，与老子并称“道家之祖”。庄子之学其要本归于老子之言，故其著书十余万字，大多都是寓言，如其中的《渔父》《盗跖》《胠箧》等篇，都是用来辨明老子的主张的。

6. 荀子（约公元前313—公元前238年）

荀子，名况，字卿，战国末期赵国人，中国古代思想家、哲学家、教育家，儒家学派的代表人物，先秦时代百家争鸣的集大成者。

荀子曾三次担任齐国稷下学宫的祭酒，两度出任楚兰陵令。晚年蛰居兰陵县著书立说，收徒授业，终老于斯，被称为“后圣”。荀子批判地接受并创造性地发展了儒家正统的思想和理论，主张“礼法并施”；提出“制天命而用之”的人定胜天的思想；反对鬼神迷信；提出性恶论，重视习俗和教育对人的影响，并强调学以致用。其思想集中反映在《荀子》一书中。

7. 韩非子（公元前280—公元前233年）

韩非，又称韩非子，战国末期韩国新郑（今属河南）人，中国古代思想家、哲学家和散文家，是法家学派代表人物。

韩非是法家思想之集大成者，集商鞅的“法”、申不害的“术”和慎到的“势”于一身，将辩证法、朴素唯物主义与法融为一体，为后世留下了大量言论及著作，其学说一直是中国封建社会时期统治阶级治国的思想基础。韩非著有《孤愤》《五蠹》《内储说》《外储说》《说林》《说难》等文章，后人收集整理编纂成《韩非子》一书。

韩非是战国末期带有唯物主义色彩的哲学家，韩非目睹战国后期的韩国积贫积弱，多次上书韩王，希望改变当时治国不务法制、养非所用、用非所养的情况，但其主张始终得不到采纳。韩非的法治思想是以进化的历史观作为推行法治的理论基础，以建立一个统一的君主集权的封建国家作为奋斗理想和目标，“以法治国”是他思想学说的核心，唯物主义的认识论是他观察事物的工具和斗争的武器，它们有机联系，浑然一体，构成了韩非的比较完整的思想体系。

8. 董仲舒（公元前179—公元前104年）

董仲舒，西汉广川人，中国古代思想家、政治家、教育家、西汉哲学家。汉武帝元光元年，汉武帝下诏征求治国方略，董仲舒在著名的《举贤良对策》中把儒家思想与当时的社会需要相结合，并吸收了其他学派的理论，创建了一个以儒学为核心的新的思想体系，深得汉武帝的赞赏。董仲舒提出的“天人感应”“大一统”学说和“诸不在六艺之科、孔子之术者，皆绝其道，勿使并进”“罢黜百家，独尊儒术”的主张被汉武帝采纳，董仲舒使儒学成为中国社会正统思想，影响长达两千多年。

9. 王充（27—约97年）

王充，字仲任，出生于会稽上虞（今属浙江绍兴），中国古代思想家、文学批评家。王充出身“细族孤门”，自小聪慧好学，博览群书，擅长辩论。王充是汉代道家思想的重要传承者与发展者，其思想以道家的自然无为为立论宗旨，以“天”为天道观的最高范畴，以“气”为核心范畴，构成了庞大的宇宙生成模式，与天人感应论形成对立之势。王充的代表作品《论衡》分析万物的异同，解释人们的疑惑，是中国历史上一部重要的思想著作。王充是东汉杰出的唯物主义思想家和教育家，被称为“战斗的无神论者”。

10. 法显（334—420 年）

法显，东晋司州平阳郡武阳（今山西临汾地区）人，是中国佛教史上的一位名僧，是一位卓越的佛教革新人物，是中国第一位到海外取经求法的大师，是杰出的旅行家和翻译家。

为了维护佛教“真理”，矫正时弊，年近古稀的法显毅然决定西赴天竺（古代印度），寻求戒律。法显从长安出发，经西域至天竺寻求戒律，游历 30 余国，收集了大批梵文经典。

《法显传》又称《佛国记》《佛游天竺记》《历游天竺记传》等。书中记述的地域广阔，对所经中亚、印度、南洋约 30 国的地理、交通、宗教、文化、物产、风俗乃至社会、经济等都有所述及，是中国和印度间陆、海交通的最早记述，是中国古代关于中亚、印度、南洋的第一部完整的旅行记，在中国和南亚地理学史和航海史上占有重要地位。

11. 玄奘（596—664 年）

玄奘，唐代高僧，我国汉传佛教四大佛经翻译家之一，中国汉传佛教唯识宗创始人。玄奘本姓陈，名袆，洛阳人。因为感到各师所说不一，各种经典也不尽相同，于是他决定西行求法，以解迷惑。贞观三年（629 年），他从长安出发，经今新疆及中亚等地，辗转到达中印度摩揭陀国王舍城，进入当时印度佛教中心那烂陀寺，师从戒贤学习，于贞观十九年（645 年）返回长安。史书记载，玄奘西行求法，往返十七年，带回大小乘佛教经律论共五百二十夹，六百五十七部，归国后受唐太宗召见，住长安弘福寺，后又住大慈恩寺。

从贞观十九年（645 年）开始，约二十年间，他主要从事译经事业，先后译出大小乘经论共七十五部一千三百三十五卷，其中主要有《大般若经》《解深密经》《大菩萨藏经》《瑜伽师地论》《大毗婆沙论》《成唯识论》《俱舍论》等。玄奘将入印路途见闻口述，辩机编撰成《大唐西域记》十二卷。

12. 慧能（638—713 年）

慧能，亦作“惠能”，唐代高僧，禅宗南宗创始人，佛教史上称为“禅宗六祖”。《宋高僧传》等记载，慧能俗姓卢，原籍范阳（郡治在今北京城西南），生于南海新兴（今属广东）。

慧能的禅法以定慧为本，认为觉性本有，烦恼本无，直接契证觉性，便是顿悟。他说自心既不攀缘善恶，也不可沉空守寂，即须广学多闻，识自本心，达诸佛理。因此，他并不认为静坐敛心才算是禅，在行住坐卧动作里也可体会禅的境界，强调“见自性清净，自修自作法身，自行佛行，自成佛道”。

13. 周敦颐（1017—1073 年）

周敦颐，又名周元皓，原名周敦实，字茂叔，号濂溪，谥号元公，道州营道楼田保（今湖南省道县）人，世称濂溪先生。周敦颐是北宋五子之一，宋朝理学思想的开山鼻祖，中国古代文学家、哲学家。周敦颐所提出的无极、太极、阴阳、五行、动静、主静、至诚、无欲、顺化等理学基本概念，被后世的理学家反复讨论和发挥，构成理学范畴体系中的重要内容。

14. 朱熹（1130—1200 年）

朱熹，字元晦，又字仲晦，号晦庵，晚称晦翁，中国南宋时期理学家、思想家、哲学家、教育家、诗人。朱熹与二程（程颢、程颐）合称“程朱学派”。朱熹是理学集大成者，闽学代表人物，被后世尊称为朱子。他的理学思想影响很大，成为元、明、清三朝的官方哲学。朱熹的哲学体系以程颢兄弟的理本论为基础，并吸取周敦颐太极说、张载的气本论以及佛教、道教的思想而形成。

朱熹著述甚多，有《四书章句集注》《太极图说解》《通书解说》《周易读本》《楚辞集注》，后人辑有《朱子大全》《朱子集语象》等。其中《四书章句集注》成为钦定的教科书和科举考试的标准。

15. 王守仁（1472—1529 年）

王守仁，本名王云，字伯安，号阳明，又号乐山居士，浙江余姚人，汉族，明朝杰出的思想家、文学家、军事家、教育家。

王守仁反对把孔、孟的儒家思想看成一成不变的戒律，反对盲目地服从封建的伦理道德，而强调个人的能动性，他提出“致良知”的哲学命题和“知行合一”方法论，具有冲破封建思想禁锢、呼吁思想和个性解放的意义。王守仁广收门徒，宣传他的思想主张，史称“阳明学派”（又称“姚江学派”）。他著有《王文成公全书》三十八卷，被学术界评价为中国封建中世纪社会后期出现最早的启蒙哲学。王守仁的阳明心学后传入了日本、朝鲜等国。其弟子极众，世称“姚江学派”。

16. 顾炎武（1613—1682 年）

顾炎武，本名顾绛，字宁人，人称亭林先生，南直隶昆山（今江苏昆山市）人，明末清初杰出的思想家、经学家、史地学家和音韵学家。

顾炎武为学以经世致用的鲜明旨趣，朴实归纳的考据方法，创辟路径的探索精神，以及他在众多学术领域的成就，终结了晚明空疏的学风，开启了一代朴实学风的先路，给予清代学者以极为有益的影响。顾炎武还提倡“利国富民”，并认为“善为国者，藏之于民”。他提倡经世致用，反对空谈，注意广求证据，提出“君子为学，以明道也，以救世也。徒以诗文而已，所谓雕虫篆刻，亦何益哉?”顾炎武强调做学问必须先立人格："礼义廉耻，是谓四维。"他所提出的"天下兴亡，匹夫有责"这一口号，其意义影响深远。

17. 魏源（1794—1857 年）

魏源，名远达，字默深、墨生、汉士，号良图，汉族，湖南省邵阳市隆回县（原邵阳县金潭）人，清代启蒙思想家、政治家、文学家。

魏源是近代中国"睁眼看世界"的首批知识分子的代表，他认为论学应以"经世致用"为宗旨，提出"变古愈尽，便民愈甚"的变法主张，倡导学习西方先进科学技术。并且他提出了"师夷长技以制夷"的主张，开启了了解世界、向西方学习的新潮流，这是中国思想从传统转向近代的重要标志。

魏源是一个进步的思想家、史学家和坚决反对外国侵略的爱国学者。他积极要求清政府进行改革，强调："天下无数百年不弊之法，无穷极不变之法，无不除弊而能兴利之法，无不易简而能变通之法。"这些主张不仅在当时具有进步意义，对于后来的资产阶级变法维新运动也起了积极的推动作用。

学后心得：

任务3　文化实践任务单

<table>
<tr><td>执行任务人</td><td colspan="3"></td><td>班级</td><td></td></tr>
<tr><td>任务名称</td><td colspan="5">划分中国古代哲学流派</td></tr>
<tr><td>任务背景</td><td colspan="5">中国的古代哲学流派以儒家、佛家、道家为主，中国人的信仰就在于此，通过了解中国古代哲学，获得一定的哲学智慧，要求掌握古代哲学中的主要代表人物及熟知他们的主要哲学思想并融会贯通，古为今用</td></tr>
<tr><td>任务实施</td><td colspan="5">（1）了解中国古代哲学思想家的主要思想及著作
（2）将中国古代哲学思想家按所代表的流派分类
（3）将分类结果制作成表格
（4）举例说明古代哲学思想在现今中国人的智慧中的体现</td></tr>
<tr><td>任务成果展示</td><td colspan="5"></td></tr>
<tr><td rowspan="6">任务综合评估</td><td rowspan="4">教师评分</td><td>评价标准</td><td>分值</td><td>得分</td><td>备注</td></tr>
<tr><td>哲学思想家流派分类准确</td><td>40</td><td></td><td></td></tr>
<tr><td>表格制作得完整、详细、美观</td><td>30</td><td></td><td></td></tr>
<tr><td>流派思想叙述正确且举例典型</td><td>30</td><td></td><td></td></tr>
<tr><td>学生互评
评语</td><td></td><td></td><td></td><td></td></tr>
<tr><td>自我修正
及感悟</td><td></td><td></td><td></td><td></td></tr>
</table>

学生任务完成情况记录：

项目三

中国古代书画

◇ 项目导读：

“书画同源”是生活中常听到的一个术语。从历史演变的过程中可以看到，书法是绘画的抽象化和符号化，它们关系亲密。“仓颉造字，伏羲画卦”证明了书法和绘画在源头、起源、渊源上是一致的，两者同根生。

◇ 学习目标：

（1）了解中国古代书法和绘画艺术的发展过程。

（2）了解中国古代书画产生的社会、政治、宗教等环境因素。

（3）了解中国历史历程以及其对中国传统文化产生的影响。

◇ 理论要求：

具备介绍不同时期中国书画文化的特点与演变过程的能力。

◇ 技能要求：

具备描绘敦煌莫高窟壁画的节选画面并讲解的能力。

◇ 素质要求：

树立正确的文化价值观，建立文化自信。

任务 1　课前自测

◆ 判断题

1. 中国古代的绘画艺术看起来都是山水画，感觉很单调。　（　　）
2. 唐太宗也过圣诞节。　（　　）
3. 王羲之的《兰亭集序》写的是秋游的日记。　（　　）
4. 动画片《九色鹿》的故事来源于古老的敦煌莫高窟壁画。　（　　）
5. 东晋顾恺之的《洛神赋》讲的是曹植与洛神的爱情故事。　（　　）
6. 毛笔中的狼毫笔指的是用狼的毛做的笔。　（　　）
7. 宋徽宗的《瑞鹤图》描绘的是自然灾害前的征兆。　（　　）
8. 中国传统色彩“丹青”一词指的是红与黑。　（　　）
9. 在中国古代被称为书法家是被鄙视的代名词。　（　　）
10. “写真”一词来自中国唐朝时期。　（　　）

学前思考：

写一写你心目中的中国古代书画是什么样的？

____

____

____

____

任务 2　文化解读

远古时期，人们依靠结绳记事，但遇到一些比较复杂的事情，就很难再用结绳记事的方式记录下来。于是，仓颉就开始创造文字。仓颉最开始通过记录动物的爪印和蹄印来记述各种动物并把这些足印画在地上，教人们认识各个印痕代表哪种动物，但是很多动物的蹄印或爪印的形状差别并不大，画在一起非常容易混淆，所以慢慢地仓颉把各种动物的形状也画了出来，从而方便辨认。

在宁夏贺兰山东麓发现的数以万计的古代岩画记录了远古人类在 3 000 年前至 10 000 年前放牧、狩猎、祭祀、争战、娱舞等生活场景，以及羊、牛、马、驼、虎、豹等多种动物图案和抽象符号，揭示了原始氏族部落崇拜自然的文化内涵。这些画在岩壁上的形状，看着既像画，又像字，可以说是书画不分。在距今 3 300 多年时间的甲骨文时代，这些图案被刻在兽骨和甲壳上，汉字慢慢从绘画中独立出来。

一、古代书法发展及类型

书法类型（微课）

书法是中华民族文化精神的代表。不了解书法，就难以全面地了解中华民族。陕西省的西安碑林博物馆是当今中国书法碑石的集大成者，在那里可以近距离地体会中国书法的精髓、目睹真迹。从汉代到近代，悠悠历史长河中所有阶段的代表作品几乎都能在那里找到。中国书法的字体经历了篆书到隶书、草书、楷书、行书的发展阶段。每个阶段都产生了数量众多的书法家和书法作品，这些书法家和书法作品构成了中国书法的深厚传统。

（一）篆书

篆书分为大篆和小篆，小篆由大篆演化而来，形体比大篆更加整齐。公元前 221 年，秦王嬴政横扫六国，一匡天下，号称始皇帝，他在统一全国后开始实行“书同文”的政策，命丞相李斯等人整理文字，改定字体，废除各国文字。

李斯等人根据籀文改定秦篆，籀文指的是在周宣王时期所使用的一种笔画比较繁复的篆书。李斯、赵高、胡毋敬分别编写了《仓颉篇》《爰历篇》《博学篇》，作为当时全国学生的课本。

李斯《峄山碑》。从公元前 219 年开始，秦始皇曾五次出巡各地，他连续到东方沿海、江淮流域以及北部边疆等地巡游，留下歌功颂德的“秦刻石”，共有七处，分别是

《泰山刻石》《峄山刻石》《琅琊台刻石》《芝罘刻石》《芝罘东观刻石》《会稽刻石》和《碣石刻石》。如今存世的仅有《泰山刻石》《琅琊台刻石》残石和《峄山刻石》，前两方石碑残石分别存于泰山山脚下的岱庙和北京中国国家博物馆。刻于公元前 219 年，记录始皇帝东巡山东的《峄山刻石》则比较幸运地保存到了今天。

公元前 219 年秦始皇游齐鲁故地登陶县的峄山（今山东邹县东南）时，登高远望，激情满怀，对群臣说道："朕既到此，不可不加留铭，遗传后世。"李斯当即撰文并书写，派人刻碑石于峄山之上。《峄山碑》的内容记述了秦始皇统一天下、废分封、立郡县的丰功伟绩。峄山又名东山，也就是孟子所云"孔子登东山而小鲁，登泰山而小天下"的东山。

唐开元年间张怀瓘认为书法是连通自然的，文字是与天道、地理、人间万事万物的自然表现是一致的，文字书法是通联大道的，有了文字书法，自然与人世间便有了次序，文字书法具有"范围宇宙、分别阴阳"的重要作用。他在《书断》中高度评价李斯的小篆"画如铁石，字若飞动"，在用笔方面"骨气丰匀，方圆绝妙"。书法界有"学篆必先宗二李"的说法，这里的二李指的就是秦朝的李斯和唐朝的李阳冰。北魏时期，太武帝拓跋焘登峄山，将《峄山碑》推倒。但因李斯的小篆太过于著名，引得无数的文人墨客前来临摹拓印，之后该石碑被毁。到了唐代，有人将《峄山碑》的拓片刻于枣木板上继续瞻仰，也就有了杜甫"峄山之碑野火焚，枣木传刻肥失真"的诗句。

（二）隶书

汉承秦制，最开始也使用篆书，后来篆书呈现衰落的趋势，隶书得到蓬勃的发展，并在东汉进入鼎盛时期；草书（章草）在汉代发展成为比较成熟的一种字体；楷书和行书也开始萌芽。此时社会经济的发展使人们对文字的需求进一步扩大，经过无数文人多次加工，隶书逐渐美化，才成为一种具有艺术价值的字体。东汉以后，隶书体式由细长化为扁平，笔画增加了波磔，形成"汉隶"的楷模，基本上已经定型，书法艺术呈现出繁荣昌盛的形势，创造了大批经典作品如《熹平石经》《曹全碑》等。

蔡邕《熹平石经》。蔡邕（133—192 年）是东汉文学家、书法家，字伯喈，陈留圉（今河南杞县西南）人。汉献帝时蔡邕曾拜左中郎将，故后人也称他为"蔡中郎"。蔡邕除通经史，善辞赋外，书法精于篆、隶，尤以隶书造诣最深、名望最高。梁武帝萧衍感叹他的书法"骨气洞达，爽爽如有神力"，后人认为他的隶书作为东汉官方书法的标准字体和规范毫不为过，就连后世著名书法家钟繇的书法都受到其巨大的影响。东汉熹平年间，汉灵帝召集蔡邕和五官中郎将堂溪典等人"为往圣继绝学"，历时九年，将儒学经典《周易》《尚书》《鲁诗》《仪礼》《公羊传》《论语》《春秋》刻石，采用隶书体，世称《熹平石经》，共有 46 块石碑。《熹平石经》是中国刻于石碑上的最早的官定儒家经本，成为文人通向仕途的必读教材。

（三）楷书

到了三国、魏晋的时候，中国现在流行的大多数汉字字体都出现了。在这个时期，五种基本字体，篆书（包括大篆和小篆）、隶书、草书、楷书和行书，都已经基本发展成熟，其中草书、楷书和行书三种字体更是得到空前的发展。更重要的是，这个时期出现了一些对后世影响较大的书法家，除了钟繇、王羲之父子以书法闻名之外，还有一些当时的名士在书法上也颇有造诣，如东晋大臣王导、谢安、庾亮及隐士戴安道。

南北朝时期的书法继承了魏晋以来的成果，有所发展，尤其以楷书成就最高。隋唐时期是中国历史上秦汉以来的又一个持续时间较长的大一统时期，这个时期在很多方面也达到了秦汉以来的又一个高峰。隋朝立国时间较短，在风格方面还有很多对南北朝书法的继承因素，但是隋朝的楷书在整体上已经逐渐趋于平正、规整，并且显示出融合南朝和北朝不同书风的气象。智永是隋朝书法的代表人物，他传“永字八法”，为后代楷书立下典范。智永的书法对初唐四家之一的虞世南影响很深，智永的代表作中最著名的当属《真草千字文》。

唐朝擅长楷书的书法家很多，对后世影响深远。虞世南、褚遂良、欧阳询和薛稷并称“初唐四家”。其中虞世南遗世碑刻很少，如今只有晚年撰写的《孔子庙堂碑》幸存，此碑历来被尊为书法巨迹，北宋的大书法家黄庭坚曾感叹“孔庙虞书贞观刻，千两黄金那购得”。

吕秀岩《大秦景教流行中国碑》。此碑在唐建中二年（781 年）由波斯传教士伊斯建于大秦寺的院中。碑文由波斯传教士景净篆刻，朝议郎前行台州司参军吕秀岩书并题额。碑身高 197 厘米，下有龟座，全高 279 厘米，碑身上宽 92. 5 厘米，下宽 102 厘米，正面刻着“大秦景教流行中国碑并颂”，上有楷书 32 行，行书 62 字，共 1 780 个汉字和数十个叙利亚文字。“大秦”是中国古代对东罗马帝国的称呼，“景教”是基督教一支聂斯脱利教派的中文名字。

碑文记载，贞观九年（635 年），基督教由叙利亚教士阿罗本从波斯传入长安，当时心胸宽广的唐太宗李世民命宰相房玄龄到长安城西郊列队欢迎阿罗本。

此碑记载了贞观九年（635 年）到建中二年（781 年）基督教在大唐传播的珍贵片段。特别珍贵的是碑多处刊刻了古叙利亚文，这是东方教会的官方文字。《大秦景教流行中国碑》刻立 60 多年后，唐武宗灭佛，佛教遭遇空前的“会昌法难”。受此连累，景教教堂也被平毁，《大秦景教流行中国碑》也不知去向，于明代天启五年（1625 年）才重新出土。

（四）行书

到了初唐，唐太宗李世民非常喜好书法，推崇王羲之的书法。被称为天下第一行书的《兰亭序》更是流传千古的佳作。东晋永和九年（353年），岁在癸丑，暮春之初，王羲之、谢安引领江左风流人物，会于会稽山阴之兰亭，曲水流觞。微醺时，王羲之写下“天下第一行书”——《兰亭序》。后来《兰亭序》传到他第七世孙隋朝的智永和尚手里，智永圆寂后，又传与弟子辨才和尚。后来李世民闻知，派遣多才善谋的监察御史萧翼从辨才和尚手中骗得《兰亭序》，这就是著名的“萧翼赚兰亭”的故事。

酷爱王羲之书法的李世民临终时对儿子李治并无要求，唯一愿望就是将《兰亭序》随葬昭陵。只可惜而今王羲之的一字真迹都没能留下来。万幸的是，唐代尚存的三羲之真迹都荟萃在一方大名鼎鼎的碑石上，这就是唐高宗时刻成的《怀仁集王羲之书圣教序》。

怀仁《怀仁集王羲之书圣教序》。对于《怀仁集王羲之书圣教序》来说，大家可以简单理解为唐太宗李世民给玄奘翻译的佛经写的序，由一位叫怀仁的僧人利用唐太宗收集的两千多卷王羲之法帖中的字拼凑起来的作品。

玄奘就是《西游记》中唐僧的原型，他长途跋涉五万余里，历经艰辛，终于在印度佛教中心那烂陀寺取得真经。在历史上，玄奘与鸠摩罗什、真谛并称为中国佛教三大翻译家。

玄奘在返回长安后被安排在弘福寺译经，唐太宗为他举行了隆重的迎接仪式。在译经讲法之余，玄奘口授，其弟子辩机执笔完成了《大唐西域记》，记载了他在取经路上的所见所闻。

玄奘将译好的《瑜伽师地论》呈给唐太宗，并请唐太宗作序。唐太宗亲自为这部佛教经典撰写了700多字的《大唐三藏圣教序》。又因唐太宗酷爱王羲之，大家觉得非王羲之的书法“不足贵”，所以请弘福寺一名擅长王羲之书法的沙门怀仁通过收集王羲之的行书来组成碑文。

就这样集字工程经历了20年，终于在玄奘圆寂多年后此碑刻成。王羲之的《兰亭序》已经被带入昭陵，再无现世，但怀仁的这版《怀仁集王羲之书圣教序》能让后世继续学习天下第一行书的精髓。

（五）草书

草书的“草”字，有草创、草稿的意思。这种字体又分“章草”“今草”“狂草”三种。草书是一种书写简便而又富有艺术性的书体，书体的草率的写法都叫作草书。一般认为草书开始于汉初，在汉代隶书的基础上慢慢地演变而来。它的特点是“存字之梗概，损隶之规矩，纵任奔逸，赴速急就，因草创之意，谓之草书”。

中国历史上最有影响力的第一位“草圣”是东汉的张芝，善写章草，也是今草的创始者，他的草书体势连绵，笔意奔放，人们称为“一笔书”。王羲之对张芝极为敬佩，说自己还达不到张芝“临池学书，池水尽黑”的刻苦程度。

王羲之的第七个儿子王献之是第三代“草圣”，由于人们总把他和他的父亲称为“二王”而忽略了他草圣的头衔。他最著名的草书代表作《中秋帖》曾被乾隆皇帝珍藏在他的书房三希堂中。第四位草圣是真正有历史记载的张旭。

张旭《断千字文》。根据记载，张旭的《断千字文》是在他晚年时所作，而由于这方碑已经断裂成六块，所以叫《断千字文》。石碑的内容是《千字文》的一部分。在中国历史上很多书法家都写过《千字文》，而张旭的这幅作品却给人与众不同的感觉。首先，在一般的草书作品中难免会有行书的影子，而张旭的狂草，狂到自己醉酒写完，第二天醒来之后都感叹称奇，着实另有一番境界，不仅笔笔相连，更有龙蛇飞舞之势。近代有学者评价这幅作品“虽无色却有美术之形态，虽无声却有音乐之韵律”。

三希堂（微课）

二、古代绘画发展及类型

（一）仰韶文化时期

在新石器时代，我们的祖先就开始在彩色陶器上画上各种图案花纹或一些动物的形象。其中以仰韶文化最有代表性，早期以西安半坡遗址为代表，是仰韶文化的开始阶段，彩陶以黑彩为主，图案多写实，如鱼、蛙、人面纹和几何纹等。

我们的先人自古就靠水而居，水是一切文明发源的起点。在古老的仰韶文化时期，先人们对于水是非常敬畏的。一方面水可以满足生产生活的基本条件，另一方面洪水也可以瞬间吞噬家园、冲毁庄稼。蛙，这种神奇的物种却不怕水，洪水来临时，它们可以在洪水中生存，洪水过后，又能在岸上生活。这在无法抵御洪水的先民眼中，无疑是一件令他们崇拜的事情。而在农耕时期，繁衍后代又是先民最重要的事情，而蛙具有旺盛的繁殖能力，符合先民多子多孙的心理。先人们把蛙作为图腾并画在生活用品上作为当时的重要装饰，表达了先人们对美好生活的向往之情。

（二）春秋战国时期

我国的绘画艺术在战国时期已经达到相当高的水平。最突出的例子便是湖南省长沙马王堆汉墓出土的《辛追墓 T 形帛画》表现了中国古代绘画艺术的最高水平，也是现代中国古代美术史教材必会收录的佳作。除了艺术价值外，帛画还表现出了当时人们的宇宙观和人生观。画面内容从上至下可分为天界、人世、地府三大部分。

帛画的第一部分天界部分绘制在画面上端，左上角一弯新月中有蟾蜍和玉兔，月下是奔月的嫦娥；右上角是一轮红日，中间包含了黑色的金乌神鸟。据传，这金乌是古人以肉眼观测到的太阳黑子现象。而在湖南地区有一首童谣《月亮粑粑》讲述的也是旧时月亮与蛙的故事。

帛画的第二部分是人世，描绘的是墓主人西向升天的场景。中国的原始神话和佛教对西方的想象有着异曲同工之妙，都认为西方是人死后去往的方向，墓主人辛追面向西天，踏上了通往西天的道路。

帛画的第三部分是地府或黄泉。黄泉古称“水府”，是一片茫茫水域，而人间是漂浮在水府之上的一块土地。画中描绘了一个赤身裸体的地神——鲧（gǔn）。鲧是大禹的父亲，因为治水不利，死后被罚去做托举大地的劳役。画面中的他双手托举着大地，胯下骑蛇，脚下踩踏着两条巨大的鳌鱼。

（三）魏晋南北朝时期

魏晋南北朝时期在中国历史上是一个时局复杂、动荡不安的时期。此时战乱频发，虽然经济倒退，但是文学艺术极大地丰富了人们的生活。在河西走廊上世界艺术的最高殿堂——敦煌莫高窟就是在这一时期开始建设的，人物画也在这样的背景下大力发展。

东晋时期的顾恺之擅长人物画，有“画绝”“痴绝”之称，代表作有《女史箴图》和《洛神赋图》。顾恺之字长康，小字虎头。他出生于官宦家庭，从小衣食无忧，饱读诗书，学识渊博，诗文绘画无所不能，而且为人诙谐幽默。

《洛神赋图》是顾恺之根据三国时期文学家曹操之子曹植写的《洛神赋》有感而画的一幅经典名画。曹植借美丽的洛神抒发了自己爱而不得的伤感情怀，其中也暗含了他宫斗失败且无法改变现状的失落之感。画家通过独树一帜的艺术表达能力传达了一种凄美意境。

（四）唐朝时期

唐朝国势鼎盛，艺术文化的发展极其繁荣，以人物、山水、花鸟等丰富的种类为题材，涌现了一大批著名的画家，传承了流芳千古的佳作。其独具一格的审美，可谓是中国绘画在这一时代前所未有的成就。

唐代则以阎立本、吴道子最为著名。阎立本擅长政治人物画，特别善于刻画人物的神态，他的代表作《历代帝王图》对后世的帝王画像有着深远的影响。《历代帝王图》又叫《古帝王图》，此图描绘从西汉至隋朝十三个皇帝的形象，其中有世人耳熟能详的汉昭帝刘弗陵、汉光武帝刘秀、魏文帝曹丕、吴主孙权、蜀主刘备、隋文帝杨坚、隋炀帝杨广等。

（五）两宋时期

宋朝经过唐朝繁荣发展的沉淀之后表现出独有的文化特色，是中国绘画史上的高峰时期。这期间产生了不少伟大的画家，也留下了不少不朽的名作，如范宽的《溪山行旅图》、李公麟的《五马图》、王希孟的《千里江山图》、崔白的《双喜图》和宋徽宗的《瑞鹤图》。

宋代张择端的《清明上河图》是我国美术史上不朽的作品。《清明上河图》的画面生动地描绘了北宋时期都城东京汴梁（今河南开封）的状况，主要是汴京以及汴河两岸的自然风光和繁荣景象。那时汴梁经济发达，有了市民阶层，出现了以市俗生活为中心的风俗画。

画面分为郊野、汴河、街市三个段落，画卷右端起首是汴梁郊外，阡陌纵横，稀疏的驮畜和人物在往城里赶。随着画面的展开，渐渐由静而动，汴河河道和两岸街市出现，开始显出热闹的景象。虹桥这里是全图的中心，这里建筑密集，人群拥挤，车马喧闹。桥上商贩叫卖，行人交错，两岸店铺林立，车水马龙，桥下巨大的漕船要穿过拱洞，船夫们正手忙脚乱，而桥面上、桥洞内也有人呼应配合，突出众多劳动者的形象和紧张繁忙的动作。整个画面虽然人流熙来攘往，却显得井然有序，活泼舒展，把一派商业都市的繁华景象绘色绘形地展现于人们的眼前。《清明上河图》被称为“中国十大传世名画”之一，体现了中国古代风俗画的最高成就，被称为“中国古代现实主义杰作”，对研究宋代城市生活、民俗、交通、建筑等具有重要的文献价值。

（六）元明清时期

元代是绘画史上变化较大的一个时代，出现了许多水墨山水画、写意的梅竹兰菊“四君子”画。元代黄公望的《富春山居图》、倪瓒的《雨后空林》都极具神韵。

明代初期的绘画艺术是元代绘画艺术的延续。到了明代永乐年间，国家又设立了画院，广征天下画士，使之为封建宫廷服务。因此，明代早中期的绘画就形成了两个大的系统，即宫廷画派和自由画派。明代中后期，水墨写意花鸟画有很大发展，使花鸟画真正成熟的是沈周、唐寅、陈淳、徐渭。

到了清代，卷轴画延续元、明以来的趋势，文人画风靡，山水画勃兴，水墨写意画法盛行。文人画呈现出崇古和创新两种趋向，在题材内容、思想情趣、笔墨技巧等方面各有不同的追求，并形成纷繁的风格和流派。

三、书法、绘画欣赏

（一）书法欣赏

1. 李斯《峄山碑》长安本

李斯，字通古，汝南上蔡（今河南省上蔡县芦冈乡李斯楼村）人，秦朝著名政治家、文学家和书法家。他参与制定法律，统一车轨、文字、度量衡制度。李斯的政治主张的实施，对中国和世界产生了深远的影响，奠定了中国两千多年封建专制的基本格局。

《峄山碑》（图片）

李斯的字在秦代是一流的。他还有一套书法理论，他在谈到用笔的方法时说：写字，用笔要急速回转，折画要快，像苍鹰俯冲盘旋一样；收笔好比游鱼得水，运笔就像景山行云，笔画的轻重、舒卷，应自然一体，大方美观。从《峄山石刻》可以看出，李斯的书法运笔坚劲畅达，线条圆润，结构匀称，点画粗细均匀，既具图案之美，又有飞动之势。其书艺之高超掩灭先轨，散绝后贤，使一切写小篆的人皆难入其境，成为后世临摹学书之范本。

《峄山碑》原文的第一部分摘录如下：

> 皇帝立国，维初在昔，嗣世称王，讨伐乱逆，威动四极，武义直方。戎臣奉诏，经时不久，灭六暴强，廿有六年，上荐高号，孝道显明。既献泰成，乃降专惠，亲巡远方，登于绎山，群臣从者，咸思攸长。追念乱世，分土建邦，以开争理。功战日作，流血于野，自泰古始。世无万数，陀及五帝，莫能禁止。乃今皇帝，一家天下，兵不复起。灾害灭除，黔首康定，利泽长久。群臣诵略，刻此乐石，以著经纪。

2. 蔡邕《熹平石经·周易残石》

《熹平石经·周易残石》在1925—1929年出土于洛阳。原为一石，后分裂为二，其上半段高65厘米，宽49厘米，厚16.5厘米，两面共463字。当时的洛阳古董商郭玉堂在他的《洛阳出土石刻时地记》记载："其最大经石为民国十四年（1925年）大郊北里许所出《周易》经石，上半段初出石归张定业，十九年十二月归江西文素松。"其下半段为民国十八年（1929年）冬出土，民国二十年（1931年）于右任以4 000元天价购得，每个字值9个大洋。最初购买时，于右任只付了半价，未带走残石。民国二十二年（1933年）于右任委托杨虎城借去南京公干之机，路过洛阳时补给古董商2 000元余款，取走残石，带到南京交给他。当时，早年也曾经任过陕西省省长的国民党元老李根源与于右任一起在洛阳开会。他也抽空在洛阳买了93方唐墓志，其中就有写出"白日依山尽，黄河入海流"的唐代大诗人王之涣的墓志。这些墓志拉到苏州李根源曲石精庐，足足拉了两火车皮，才用了2 000元。于右任买的这个《熹平石经》残石，当时几乎可以买近200方唐墓志。

《熹平石经》（图片）

民国二十七年（1938年），西安碑林重修完成，民国政府主席林森亲为题记。于右任秉持"天下为公"的理念，将这块《熹平石经》残石与300多方大名鼎鼎的鸳鸯七志斋藏石（多数为北朝墓志）一并捐与西安碑林。

3. 张旭《断千字文》

张旭狂草里蕴含的书法艺术不只影响了中国，日本的遣唐使吉备真备（695—775年）在唐游学19年，传说归国后创立了平假名，其中不少就来自张旭的书法。2010年日本广播协会（NHK）电视台在西安碑林拍《断千字文》的纪录片，他们的主持人朝仓亚纪就提到日本的很多平假名都能直接在张旭的草书《断千字文》中找到一模一样的书法笔势。

《千字文》为南朝周兴嗣撰，它的撰作相传还有一段故事：原来是当年梁武帝令殷铁石在王羲之书写的碑文中拓下不重复的一千个字，供皇子们学书用。但由于字字孤立，互不联属，所以他又召来周兴嗣嘱道："卿有才思，为我韵之。"周兴嗣只用了一个晚上就编好并呈武帝。这便是传至今日的《千字文》。周兴嗣的《千字文》精思巧构，知识丰赡，音韵谐美，宜蒙童记诵，故成为千百年蒙学教科书。

《千字文》（图片）

（二）绘画欣赏

1. 曹植《洛神赋图》

中国传统绘画的空间美（微课）

《洛神赋图》是一幅绢本设色画。画家顾恺之将曹植的内心情感描绘得淋漓尽致。曹植和洛神之间相恋的故事催人泪下，感人至深，无奈人神有别，只能空留怀念。千百年来，该故事有扑朔迷离的情节，完美的形象，华美感人的辞藻，凄美婉约的情调，历来成为音乐、诗歌、戏曲等艺术形式进行再创作的绝佳题材。

曹植在初见洛神时惊喜万分的面部表情，画家顾恺之也给出了最为细致的描绘。曹植双手似在分开众人，举手投足间都饱含深情。画面中的洛神形象在水面上，飞舞在半空中，乘云车离去，她美丽的形象似乎都是朝向画面左方前行，回头与岸上的曹植含情脉脉地对视，这种眼神充满着爱慕与无奈，欲言又止又依依不舍。待洛神离去之后，曹植目光仍望向前方，追寻洛神的倩影，而且最为精妙的是曹植追神的部分，船驶过的地方波涛汹涌，湍流急促，观者也似乎能听到咆哮的水声并替主人公感到惋惜，并体会到他那种焦急万分的心情。即使在归途中曹植仍然回头张望期盼心中的女神再次出现，二人之间眼神的传递加剧了凄美浪漫的气氛。

《洛神赋图》（图片）

随着画卷一步步展开，观者随着画家顾恺之细致入微的描述也能体会到那种爱而不得的失望之情。画家顾恺之塑造的众仙嬉戏、鹿角马面、海龙、飞鱼、六巨龙驾驶的云车等仙界细节与岸上的凡人生活、山林、流水、珍奇异兽等形成了鲜明的对比，营造出奇幻缥缈的幻想世界，抒发出了内心世界的浪漫主义情怀。

2. 阎立本《历代帝王图》

画家阎立本力图通过对各个帝王不同相貌表情的刻画，揭示出他们不同的内心世界、性格特征。比如，那些开朝建代之君，在画家笔下都体现了“王者气度”和“伟丽仪范”；而那些昏庸或亡国之君，则呈现庸腐之态。画家对作品中的每个形象都寓有褒贬，而这一褒贬又流落在每个帝王的性格和精神气质之中。画家通过人物的眼神、眉宇和嘴唇间流露出的神情来刻画不同的个性和气质，以表达阎立本对前代帝王的作为和才能的评价。此图现藏于美国波士顿博物馆。

《历代帝王图》
（图片）

学后心得：

任务3　文化实践任务单

<table>
<tr><td>执行任务人</td><td colspan="3"></td><td>班级</td><td></td></tr>
<tr><td>任务名称</td><td colspan="5">彩绘一幅敦煌莫高窟壁画（节选）</td></tr>
<tr><td>任务背景</td><td colspan="5">敦煌莫高窟是全世界长的文化长廊，是人类世界伟大的艺术，是一笔珍贵的文化遗产，其中壁画艺术是敦煌艺术中最重要的一部分，历经了一千六百多年绘制形成今天的规模</td></tr>
<tr><td>任务实施步骤</td><td colspan="5">（1）了解敦煌莫高窟壁画的产生背景
（2）临摹敦煌莫高窟壁画中的一小部分
（3）解释各种颜色在中国传统文化中命名的由来
（4）完成敦煌壁画的彩绘任务</td></tr>
<tr><td>任务成果展示</td><td colspan="5"></td></tr>
<tr><td rowspan="6">任务综合评估</td><td rowspan="4">教师评分</td><td>评价标准</td><td>分值</td><td>得分</td><td>备注</td></tr>
<tr><td>图画线条流畅，构图合理</td><td>40</td><td></td><td></td></tr>
<tr><td>图画上色合理，能借鉴古代文学知识给以解释</td><td>30</td><td></td><td></td></tr>
<tr><td>图案美观，契合时代背景</td><td>30</td><td></td><td></td></tr>
<tr><td>学生互评
评语</td><td></td><td></td><td></td><td></td></tr>
<tr><td>自我修正
及感悟</td><td></td><td></td><td></td><td></td></tr>
</table>

学生任务完成情况记录：

项目四

中国古代文学

◇ 项目导读：

古人云：不读诗词，不足以知春秋历史；不读诗词，不足以品文化精粹；不读诗词，不足以感天地草木之灵；不读诗词，不足以见流彩华章之美。中国是诗的国度，中国的诗词歌赋是中国古代文学的精华和灵魂，而中国古代文学又是中国传统文化的主要载体和基本精神。在数千年的历史长河中，中国古代文学高峰迭起，精彩纷呈。中国古代文学的形式多种多样，从先秦到明清，诗歌、散文、汉赋、唐诗、宋词、元曲、小说，各种文学样式争奇斗艳。但无论是什么形式，它们的主题都是共同的，那就是抒发家国情怀、表达理想追求、发表真知灼见、展现情感魅力。学习中国古代文学，品读古诗词的形式美和韵律美，能让我们感知祖先崇高的人格美和深刻的智慧美，与我们的祖先进行一次深入的心灵交流，同时也可以让我们更加深刻地认识中国传统文化，领悟中华民族精神。

◇ 学习目标：

（1）了解中国古代文学概况。

（2）了解并掌握中国古代不同时期的文学成就。

（3）掌握中国古代不同时期的文学特色。

◇ 理论要求：

具备诵读中国古代不同时期主要经典篇章并理解体会作品文化精髓的能力。

◇ 技能要求：

具备以中国古代文学作品为切入点解读现代生活中的文化现象的能力。

◇ 素质要求：

领悟中国诗词歌赋中的文化和道德精髓，通过中国古代文学作品中的人文精神提升个人文化素养。

任务 1 课前自测

◆ 判断题

1. 元代有“一官二吏三僧四道五医六工七猎八娼九儒十丐”之说，可见在元代知识分子的地位比娼妓地位还低。（ ）

2. 三姑六婆是对古代女子从事的几种职业的统称。（ ）

3. 百家姓的排序是按照当时每一个姓氏的人员数量排序的。（ ）

4. 汉高祖刘邦和秦始皇的年龄相差 4 岁。（ ）

5. “执子之手，与子偕老”自始至终都是用来形容爱情的。（ ）

6. “贫贱夫妻百事哀”原意是知道夫妻永诀是最痛苦的事，而我们是共过患难的夫妻，你走了，我更加伤怀。（ ）

7. “鸳鸯”最初是兄弟关系的代名词。（ ）

8. “奉天承运皇帝诏曰”正确断句的方式是“奉天承运，皇帝诏曰”。（ ）

9. “一日不见，如隔三秋”中的“三秋”指的是九个月。（ ）

学前思考：

写一写你看过的中国古代文学作品。

____

____

____

____

任务 2　文化解读

一、中国古代文学概述

我们中华民族有着悠久的历史，有记载的文学史就有三千多年。这三千多年的中国古代文学史，是记述我们中华民族先辈们在这片土地上辛勤劳作、繁衍生息的生活史，是反映他们心理活动、表达他们喜怒哀乐的心灵史，也是记载中华优秀传统文化发展的文化史，更是记录朝代更替、历史更迭的社会史。它是中国传统文化中的一块瑰宝，在传统文化中有着重要的地位，也是我们整个民族的一笔丰富且无比宝贵的文化遗产，是沟通现代人与传统文化的最直接的桥梁，其中蕴含的文化特征拥有很高的研究价值。所以，解读中国古代文学是中国传统文化不容置疑的任务。

追溯中国古代文学的起源，无法找到它起源的标志和年代。较为保守的说法是从公元前 11 世纪起，伴随着人类劳动实践而产生的诗歌应该是有记载的最古老的文学。从此，中国古代文学这条长河经过了历史的洗礼，汇纳支流，变成越来越庞大的文学大河，且从未间断。在发展的过程中，有高潮也有低谷。它创造了无数的高峰时期，留下来许多经典名篇。就像王国维所言："凡一代有一代之文学：楚之骚，汉之赋，六代之骈语，唐之诗，宋之词，元之曲，皆所谓一代之文学……"从先秦到明清，各种文学形式争奇斗艳，一位位文学大师各领风骚。

中国古代文学的作品表现形式主要是诗词歌赋。清代文学家刘熙载曾用"无意不可入，无事不可言"评价它，可见，其内容是十分丰富的。无论是诗词还是歌赋，抛开文化背景及作者的心理品质、性格气质、审美崇尚的不同，它们有类似的主题，那就是家国情怀、生命感悟、心灵悸动。

中国古代文人士大夫大多有"济苍生，安社稷"的远大理想，都把"修身、齐家、治国、平天下"作为自己的使命。比如，我们在屈原的"路漫漫其修远兮，吾将上下而求索"中感受他的忧乐情怀，在范仲淹的"居庙堂之高则忧其民，处江湖之远则忧其君"中体会他无法割舍"兼济天下"与"独善其身"的情结等。这种情结与农耕文化中所特有的那种对土地、家园的眷恋糅合起来，构成了中国古代诗歌的情感主旋律之一——家国情怀。

对于生命与死亡的讨论，历来就是萦绕在诗人们心中的话题。中国古代关于生命感悟的诗歌多体现在追问人生的意义、探讨人生的理想、打量人生的姿态。比如，屈原通过《天问》对天地、自然和人世等一切事物现象发问，表达对宇宙和生命的困惑与思考；曹操也曾发出“对酒当歌，人生几何”的慨叹，感慨人生苦短的同时表达因生命有限而无法开展宏图大业的遗憾。诗人们常常借助各种意象哀叹人事苦短、功业难成，表达他们对生命的感悟。

中国古代文学中发展得最为成熟的样式是以抒情为主要功能的诗歌。人生的情感主要有亲情、友情、爱情等，通过诗歌抒发情感的诗作比比皆是。比如，孟郊的“慈母手中线，游子身上衣”写的是亲情；王维的“劝君更尽一杯酒，西出阳关无故人”写的是亲情；白居易的“在天愿作比翼鸟，在地愿为连理枝”表达的是爱情。除此之外，还有众多写“闺怨”、道别离、悼亡灵的诗作，无一不让人感受到心灵的战栗和感动。

直至今日，一首首经典名篇被后世传诵。我们通过研读这些诗词歌赋，跨越时空的限制，穿越历史的长河，感同身受地体验他们的情感，更加深入地了解中国文化，领悟民族精神，使我们的中国古代文学精髓得以传承和发扬。

二、中国古代文学主要成绩

先秦文学（微课）

（一）先秦诗歌和先秦散文

先秦文学是中国古代文学发展的最早阶段，它是伴随着文字的产生而出现的，包括了秦代统一各国以前各个历史时期的文学。这个时期，文学的创作上经历了由口头到书面、由群体到个体的演变。在这一阶段里产生了很多优秀作品，有成为我国古代文学先导的古代神话和古代歌谣，有标志着我国文学光辉起点的《诗经》，有作为后代史传体文学和小说、戏剧滥觞的历史散文，有体现战国时代百家争鸣之局的诸子散文，有我国寓言文学鼻祖的先秦寓言，有光耀千古的浪漫主义杰作《楚辞》，等等。丰富多彩、斑驳灿烂的先秦文学奠定了我国两千多年文学发展的坚实基础。

1. 先秦诗歌

秦朝统一各国前的诗歌为先秦诗歌。它包括了《诗经》《楚辞》以及春秋战国时期的一些传统民歌和部分原始社会歌谣。先秦诗歌是中国传统诗歌的源头，其中《诗经》是中国现实主义诗歌的源头，而《楚辞》是中国浪漫主义诗歌的源头，二者共同为中国的诗歌史打下了一个水平极高的基础。

（1）《诗经》。

《诗经》是中国古代诗歌开端，是我国第一部诗歌总集，收集了从西周到春秋中叶的诗歌共 305 篇，故又称“诗三百”。《诗经》内容丰富，是周王朝由盛而衰五百年间中国社会生活面貌的形象反映，其中有先祖创业的颂歌，祭祀神鬼的乐章；也有贵族之间的宴饮交往，劳逸不均的怨愤；更有反映劳动、打猎以及大量恋爱、婚姻、社会习俗方面的动人篇章。《诗经》在内容上分为“风”“雅”“颂”三个部分。“风”出自各地的民歌，是《诗经》中的精华部分，有对爱情、劳动等美好事物的吟唱，也有怀故土、思征人及反压迫、反欺凌的怨叹与愤怒，常用复沓的手法来反复咏叹，一首诗中的各章往往只有几个字不同，表现了民歌的特色。“雅”分《大雅》《小雅》，主要是宫廷乐歌，旨在祈丰年、颂祖德。《大雅》的作者是贵族文人，但对现实政治有所不满，除了宴会乐歌、祭祀乐歌和史诗而外，也写出了一些反映人民愿望的讽刺诗。《小雅》中也有部分民歌。“颂”则为宗庙祭祀之诗歌。按艺术手法可将《诗经》分为“赋”“比”“兴”三类。“赋”是直接的叙述和抒写，“比”是比喻或比拟，“兴”则是从意义、声音等方面的类比关系来创作诗歌，其中“赋”的手法运用得最多。“赋”“比”“兴”的运用，既是《诗经》艺术特征的重要标志，也开启了中国古代诗歌创作的基本手法。

（2）《楚辞》。

《楚辞》是最早的浪漫主义诗歌总集及浪漫主义文学的源头。其本义是泛指楚地的歌辞，以后才成为专称，指以战国时楚国屈原的创作为代表的新诗体。它的形式是杂言体，源于江淮流域楚地的歌谣，运用楚地的方言声韵，叙写楚地的山川人物、历史风情，具有浓厚的地域文化色彩。《楚辞》由屈原及后学所作，至汉代刘向编辑成书。西汉末年，刘向将屈原、宋玉的作品以及汉代淮南小山、东方朔、王褒、刘向等人承袭屈原、宋玉的作品汇编成集，计十六篇，定名为《楚辞》。后王逸增入己作《九思》，成十七篇，分别是《离骚》《九歌》《天问》《九章》《远游》《卜居》《渔父》《九辩》《招魂》《大招》《惜誓》《招隐士》《七谏》《哀时命》《九怀》《九叹》《九思》，所以，《楚辞》共分为十七个篇章。其中以屈原“发愤以抒情”的一首政治抒情诗《离骚》最具代表，内容主要是倾诉诗人对楚国命运和人民生活的关心，表达要求革新政治的愿望，坚持理想、虽逢灾厄也绝不与邪恶势力妥协的意志，以及通过神游天界、追求实现理想和失败后欲以身殉的陈述，表达诗人热爱国家和人民的感情，其长达 2 400 多字，开创了中国文学史上的“骚体”诗歌形式。《楚辞》因此又名“骚”，是一种源远流长的独特文体。

2. 先秦散文

中国古代散文的源头，可以追溯到殷商时期。商朝的甲骨卜辞和商周的钟鼎铭文中，已经出现不少完整的句子，这些都可以看作古代散文的雏形。先秦散文指中国远古至秦统一前的无韵文，主要保存在《尚书》《春秋》《左传》《国语》和《战国策》中。其中，成于春秋时期的《尚书》，被文学史家称为中国最早的散文总集，也标志着中国古代散文的正式形成。先秦散文的成就，主要集中在春秋战国时期。按照类型分，先秦散文分为以说理议论为主的诸子散文和以叙事记史为主的历史散文。

（1）诸子散文。

“子”是古代对男子的美称或尊称，诸子即春秋战国时期的各派学者，所以，诸子散文指春秋战国时期各派学者的著述。春秋战国时期，列国纷争，礼崩乐坏，士阶层蔚然勃兴，各种思想流派的代表人物针对当时社会的现实纷纷著书立说，宣传自己的社会政治主张，写出了大量以说理诱辟、逻辑严密、严厉锋利、善用比喻为特点的论说散文，即称诸子散文。先秦诸子散文的发展可分为三个阶段：第一个阶段是春秋末到战国初，代表作有《老子》《论语》《墨子》。这个阶段的文章篇幅短小，词约义丰，富于哲理，多为语录体，或为简明的议论短章。第二阶段是战国中期，代表作是《孟子》《庄子》。这个阶段的文章逐渐由语录体发展为对话式论辩文与专题论文，整体结构完整，形象鲜明，富有文采，融入哲理。第三个阶段是战国后期，《荀子》《韩非子》是其代表作。这个阶段的文体更加成熟，议论和记叙的分工更加明确，文章基本上都是鸿篇巨制的专题论文，完善了论说文的体制。诸子散文的内容涉及哲学、政治、伦理道德、农业、军事、天文历法等各类领域，文化内涵丰富，对当时的社会发展和经济文化的进步有推动作用，对整个中华民族文化的形成发挥了重要的奠基作用。许多重要的思想成果至今仍对我们的文化产生着不容忽视的影响。

（2）历史散文。

把史官的记录编在一起并成书，即史书，也是所谓的历史散文。历史散文有三体，分为“国别”“编年”和“纪传”。春秋时期的历史散文主要有国别体的《国语》《战国策》，专记个人言行的《晏子春秋》，以及编年体的《左传》。

（二）汉赋

赋是中国特有的一种文学样式，是汉代最为流行的一种文体，它兼具散文和韵文的性质，主要特点是铺陈描述，不歌而诵。赋早在战国后期已经产生，在汉代发展至顶峰。从赋的形式上看，在于“铺采摛文”；从赋的内容上说，侧重“体物写志”。它的抒情成分少，着重铺叙和描写，接近于散文；行文时又往往韵散间出，具有半诗半文的性质。在篇章结构上，则多采用问答的形式。按照题材取向，可将汉赋分为大赋和短赋，其中大赋是汉赋的主流。

1. 大赋

大赋又叫散体大赋，规模巨大，结构恢宏，气势磅礴，语汇华丽，往往是成千上万言的鸿篇巨制。大赋是汉赋的主体。当时最著名的作家属司马相如，主要代表作有《子虚赋》《上林赋》。这两篇以游猎为题材，对诸侯、天子的游猎盛况和宫苑的豪华壮丽做了极其夸张的描写，而后归结到歌颂大一统汉帝国的权势和汉天子的尊严。在赋的末尾，作者采用了让汉天子享乐之后反躬自省的方式，委婉地表达了惩奢劝俭的用意。这两篇赋确定了一种铺张扬厉的大赋体制和所谓“劝百讽一”的传统，在汉赋发展史上有极重要的地位。除此之外，还有一些汉赋大家和名篇。例如，西汉末年的扬雄的代表作为四赋，即《甘泉赋》《河东赋》《羽猎赋》《长杨赋》；东汉前期班固的《两都赋》与张衡的《二京赋》，都是汉代大赋的代表作。尽管散体大赋有其华而不实、矫揉造作的弊病，但在中国文学史上，汉赋仍然有其一定的地位。它在丰富文学作品的词汇、辞句以及技法方面，在促进文学观念的形成方面，有着重要的意义。

2. 短赋

东汉中叶以后，散体大赋逐渐衰微，抒情、言志的短赋开始兴起，代表作家和作品有张衡的《归田赋》、赵壹的《刺世嫉邪赋》、蔡邕的《述行赋》、祢衡的《鹦鹉赋》等。短赋扬弃了大赋篇幅冗长、辞藻堆砌、舍本逐末、缺乏情感的缺陷，在保留汉赋基本文采的基础上，创造出篇幅较小、文采清丽、讥讽时事、抒情咏物的短篇小赋。

（三）唐诗

诗歌的押韵（微课）

自汉代以来，五言、七言诗经过长期的发展，在题材走向、格律形式、艺术手段、风格倾向等方面都取得了巨大的成就，积累了丰富的经验。进入唐朝，国力空前强盛，国家从长期分裂复归于统一，为封建经济和文化的发展创造了良好的条件。另外，朝廷在各方面采用了较为开放的政策，使唐朝在政治、经济、文化、外交等方面均达到了很高的成就。随着繁荣的唐朝的到来，中国诗歌也进入了巅峰时期，产生了古代文学中最为光辉的唐诗。

唐代既是我国古代文学发展的高峰时期，也是诗歌全面繁荣的黄金时期。中国是诗的国度，而唐代是诗歌发展的顶峰时期。唐代文学作家的作品数量之多、成就之高、影响之大，都是前所未有的。据统计，有记载的诗人达到两千多人，流传至今的作品有五万多首，很多诗句都是家喻户晓的名句，所以，唐代诗歌堪称古代诗歌的宝库，也是人类文化史上的一大奇观。

唐诗的发展过程大致分为四个时期，即初唐、盛唐、中唐、晚唐。其中尤以盛唐、中唐两个时期的诗坛最为光彩夺目。

1. 初唐诗歌

初唐指唐代开国至唐玄宗先天元年时期。这个时期是唐诗繁荣的准备时期，主要的代表诗人有被称为“初唐四杰”的王勃、杨炯、卢照邻、骆宾王，还有陈子昂、沈佺期、宋之问等。“初唐四杰”怀着变革文风的自觉意识，有一种十分明确的审美追求：反对纤巧绮靡，提倡刚健骨气。卢、骆的七言歌行趋向辞赋化，气势稍壮；王、杨的五言律绝开始规范化，音调铿锵。所以，他们的诗歌扭转了唐朝以前萎靡浮华的宫廷诗歌风气，使诗歌题材从亭台楼阁、风花雪月的狭小领域扩展到江河山川、边塞江漠的辽阔空间，赋予诗以新的生命力。五言八句的律诗形式由他们开始了初步的定型。他们的诗尽管未能摆脱南朝风气，但其诗风的转变和题材的扩大预示了唐诗未来的发展方向，并起了积极的推动作用。他们既是初唐文坛上新旧过渡时期的杰出人物，也是真正的唐诗的揭幕人。

2. 盛唐诗歌

盛唐指的是开元、天宝这一时期，历时半个世纪。这个时期国家统一，经济繁荣，政治开明，文化发达，对外交流频繁，人们充满自信，不仅是唐朝的顶峰，也是中国封建社会的鼎盛期。无限丰富与广阔的现实生活开阔了诗人们的眼界和胸怀，涌现出了以李白、杜甫、王维、孟浩然等为代表的一大批诗人，他们写下了内容异常丰富的诗歌。其中田园山水诗和边塞诗占相当比重。

山水田园诗派是在陶渊明以来的田园诗和谢灵运以来的山水诗的基础之上，形成的偏重写山水风光和田园生活，大多表现自然之美和闲适心情，偶或反映农家生活现实的诗歌风格。该诗派以五言为主，风格多清淡恬静，具有较高的艺术技巧和审美价值。代表诗人有储光羲、裴迪、丘为、常建等，而以王维、孟浩然为首，故后世又称为“王孟诗派”。这个诗派的作品有较高的审美价值，对提高民族的审美水平有杰出贡献。主要代表作品有王维的《渭川田家》《鹿柴》《竹里馆》《田园乐（七首）》，以及孟浩然的《江上思归》《过故人庄》《春晓》等。

边塞诗派是盛唐兴起的另一个诗歌流派。这类诗作主要是描写边塞风光和战争生活，以及战争带来的各种情感如离别、思乡、闺怨等，大多具有爱国感情和进取精神，显示浓厚的生活气息，风格多慷慨悲壮。形式上多为七言歌行和五言、七言绝句，诗风悲壮，格调雄浑，最足以表现盛唐气象。代表诗人有王昌龄、王之涣、王翰、崔颢、李颀等，而以高适、岑参为首，故后人也称“高岑诗派”。代表作主要有高适的《燕歌行》、岑参的《走马川行奉送封大夫出师西征》、王昌龄的《出塞》《从军行》、王之涣的《凉州词》等。

李白和杜甫分别以飘逸奔放和沉郁顿挫的风格，将唐代乃至整个中国的古代诗歌艺术推向了高峰。“诗仙”李白生活在盛唐时期，他是继承和发扬我国古代诗歌的浪漫主义传统的杰出代表。他性格豪迈，热爱祖国山河，游踪遍及南北各地，写出大量赞美名山大川的壮丽诗篇，讴歌祖国山河与美丽的自然风光。他的诗歌不仅具有典型的浪漫主义精神，而且从形象塑造、素材摄取到体裁选择和各种艺术手法的运用，无不具有典型的浪漫主义艺术特征。另外，他的诗既豪迈奔放，又清新飘逸，而且想象丰富、意境奇妙、语言轻快，艺术成就极高。杜甫评价言："笔落惊风雨，诗成泣鬼神"，也是李白诗歌中最鲜明的艺术特色。李白的代表作有《望庐山瀑布》《行路难三首》《蜀道难》《将进酒》《早发白帝城》等。李白以其独有的诗歌风格及诗歌作品中反映出来的人格魅力和个性魅力，把唐诗的发展带入一个后人难以企及的历史高度，并影响一代又一代的诗人，在中国诗歌史上有着不朽的地位。被称为"诗圣"的杜甫是唐代社会转折时期继往开来的伟大的现实主义诗人，他的前半生在唐朝的鼎盛阶段度过，后半生历经战乱、四方漂泊，所以他的诗风前后判然有别——由前期的昂扬明朗到后期的沉郁悲壮。他早期的作品主要表现理想抱负和所期望的人生道路，可以看到盛唐诗人的狂放精神和开阔胸襟；后半生的诗多涉笔社会动荡、政治黑暗、人民疾苦，主要反映当时社会矛盾和人民疾苦，记录唐代由盛转衰的历史巨变，表达崇高的儒家仁爱精神和强烈的忧患意识，因而被誉为"诗史"。杜甫忧国忧民，人格高尚，诗艺精湛，一生写诗一千五百多首，其中很多是传颂千古的名篇，代表作主要有《北征》《茅屋为秋风所破歌》《丽人行》以及"三吏"《石壕吏》《新安吏》《潼关吏》和"三别"《新婚别》《无家别》《垂老别》。李白和杜甫是唐代诗坛上两颗灿烂的巨星，他们的创作实践为文学发展开辟了广阔的道路，对后代文学的发展产生了极为深远的影响。

3. 中唐诗歌

中唐一般指唐代宗元年至唐文宗太和二年。唐诗发展到中唐，诗人、诗歌数量最多，诗歌流派众多，是唐诗继续繁荣的时期。这个时期的主要诗歌流派有以韩愈、孟郊为代表的韩孟诗派，以元稹、白居易为代表的元白诗派或新乐府诗派及以刘禹锡、柳宗元为代表的政治诗派，各派系风格各异。这里主要介绍韩孟诗派和元白诗派。

"韩孟诗派"是中唐的一个诗歌创作流派，以韩愈和孟郊为代表，包括李贺、卢仝、马异、刘叉。他们践行杜甫"语不惊人死不休"的主张，在形式上追求翻空出奇，表现出重主观心理、尚奇险怪异的创作倾向，因而形成一种奇崛硬险的诗风。他们在艺术上力求避熟就生、标新立异，力矫大历诗风的平弱纤巧。这种诗歌的新的追求与新的变化，积极推动了盛唐以后诗歌艺术境界的开拓。主要代表作有韩愈的《南山》，孟郊的《秋怀》《游子吟》。

乐府是指专门管理音乐的机构，初设于秦。汉武帝时期，收集编纂各地民歌，整理改编或创作音乐，进行演唱及演奏，后来这些民歌被称为乐府诗乃至"乐府"。到唐朝，杜甫在汉乐府的基础上提出了新乐府，以自创的新的乐府题目咏写时事，后被元结、顾况等继承，又得到元稹、白居易的大力提倡，即"元白诗派"。所以元白诗派是指中唐以元稹、白居易为代表的诗歌流派，他们重写实，尚通俗。他们发起新乐府运动，强调诗歌的惩恶扬善、补察时政的功能，明确地提出了"文章合为时而著，歌诗合为事而作"的一整套理论，语言方面力求通俗易解，走了一条与韩孟诗派完全不同的创作道路。加之元稹、白居易诗才盖世，写作了大量新乐府诗歌，在当时产生极大影响，使这一伟大的文学运动取得了巨大成就。主要代表作有白居易的《新乐府》五十首、李绅的《新题乐府》二十首、元稹的《和李校书新题乐府》十二首等。

4. 晚唐诗歌

晚唐指唐文宗开成元年到唐亡。这个时期唐朝的政治危机不断加深，最终走向灭亡。生活在这个时代的诗人，他们的思想、心态与艺术追求与之前有所不同。诗歌题材与诗风主要是怀古咏史与悲凉诗风、爱情闺阁与艳丽诗风，以及日常生活与淡泊诗风。在艺术上，近体诗语言技巧的精细绵密，情感表达方式的迂徐含蓄，结构布局的敛约回环，意境的深邃朦胧，晚唐诗歌尤为突出。杰出的诗人主要有被称为"小李杜"的李商隐、杜牧，他们的诗歌充满伤时忧国的感喟，以充实的内容和独特的风格给唐代文学增添了新的光彩。代表作有杜牧的《江南春》《泊秦淮》和李商隐的《无题》《有感》。

（四）宋词

文化名人：三苏（微课）

词，是我国古代诗歌的一种。它始于梁代，形成于唐代而极盛于宋代。《旧唐书》记载："自开元（唐玄宗年号）以来，歌者杂用胡夷里巷之曲。"由于音乐的广泛流传，当时的都市里有很多以演唱为生的优伶乐师，根据唱词和音乐节拍配合的需要，创作或改编出一些长短句参差的曲词，这便是最早的词了。从敦煌曲子词中也能够看出，民间产生的词比出自文人之笔的词要早几十年。

唐代，民间的词大都是反映爱情相思之类的题材，所以它在文人眼里是不登大雅之堂的，被视为诗余小道。一些注重汲取民歌艺术长处的人，如白居易、刘禹锡等人，他们作的词具有朴素自然的风格，洋溢着浓厚的生活气息。以脂粉气浓烈的崇尚浓辞艳句而驰名的温庭筠和五代"花间派"，在词的发展史上有一定的位置。而南唐李后主被俘虏之后的词作则开拓出一个新的深沉的艺术境界，给后世词客以强烈的感染。

到了宋代，柳永和苏轼在创作上有重大突破，词在形式上和内容上得到了巨大的发展。尽管词在语言上受到了文人诗作的影响，而典雅雕琢的风尚并没有取代其通俗的民间风格，而词的长短句形式更便于抒发感情，所以"诗言志，词抒情"的这种说法还是具有一定根据的。

宋词，作为一代文学的主要标志，现存作品两万余首，可考证的作者有一千四百余位，大体上可分类为婉约派和豪放派。婉约派的词，主要内容侧重儿女风情，结构深细缜密，形式上严守音律，风格是典雅婉约、曲尽情态，具有一种柔婉之美。如柳永的"今宵酒醒何处？杨柳岸，晓风残月"，晏殊的"无可奈何花落去，似曾相识燕归来"，晏几道的“舞低杨柳楼心月，歌尽桃花扇底风”等名句，都是情景交融的抒情杰作。婉约派主要代表人物有柳永、张先、晏殊、欧阳修、秦观、李清照等。柳永的《乐章集》、欧阳修的《六一词》、李清照的《漱玉集》等是婉约派的代表作。豪放派由北宋诗人苏轼首创，经南宋诗人辛弃疾发展推向高峰。苏轼把词从娱宾遣兴的天地里解放出来，发展成独立的抒情艺术。山川胜迹、农舍风光、优游放怀、报国壮志，在他手里都成为词的题材，使词能像诗文一样反映生活，从花前月下走向了广阔的社会生活，所谓“无言不可入，无事不可入”。豪放派词作境界宏大、气势恢宏、不拘格律、汪洋恣意、崇尚直率，而不以主含蓄婉曲为能事。豪放派主要代表人物有张元干、陈亮、张孝祥等。苏轼的《水调歌头·明月几时有》《念奴娇·赤壁怀古》、辛弃疾的《永遇乐·京口北固亭怀古》、陈亮《念奴娇·登多景楼》等是豪放派的代表作。

（五）元曲

元曲是盛行于元代的一种文学艺术形式，始于宋代，鼎盛于元代，为元代儒客文人智慧的精髓，包括元杂剧和元散曲，有时也专指杂剧。它是元代文学中的精华，历来与唐诗、宋词并称。

元杂剧是融合了歌唱、舞蹈、说白、杂技等多种艺术形式的综合艺术，具有独特的民族风格，是中国戏曲的第一种成熟形态。作为一种成熟的戏剧，元杂剧在内容上不仅丰富了在民间传唱的故事，而且广泛地反映了当时的社会现实，成为广大人民群众喜爱的文艺形式之一。杂剧的语言以北方的民间口语为基础，吸收民间文艺的营养，具有质朴自然、生动活泼的特点。除此之外，元杂剧还有一些特点，如剧本注重舞台性，角色分工类型化，以类型化、象征化的手法表现内在情绪，作家流逸的情思与本质性的真实生活相结合等。元杂剧完全具备了戏曲的本质特征，它走完了戏曲的综合历程，是严谨、完整、统一的，又是个性鲜明的戏曲艺术。

元代还出现了一种配合当时流行曲调进行清唱的抒情诗体，即散曲。散曲中的“散”，是与元杂剧的整套剧曲相对而言的。它有小令和套数两种体制，前者短小精悍，是单个的只曲；后者富赡雍容，是由同一宫调的若干支曲子按照一定的规律连缀而成的组曲，它们各具不同的表现功能。此外，散曲体制中还有一种带过曲，属小型组曲，是介于小令和套数的一种特殊体式。散曲的语言既注意一定的格律，又吸收了口语自由灵活的特点，在艺术表现方面，它比近体诗和词更多地采用“赋”的方式，加以铺陈、叙述。另外，散曲押韵比较灵活，可以平仄通押；曲中还可以增加衬字，这使得散曲趋向口语化、俚俗化，起到了使曲意明朗活泼、穷形尽相的作用。

元曲的主要代表性人物有关汉卿、马致远、郑光祖、白朴，被并称为“元曲四大家”，其中关汉卿是“元曲四大家”之首。关汉卿的《窦娥冤》《鲁斋郎》《单刀会》，马致远的《汉宫秋》，郑光祖的《倩女离魂》，白朴的《墙头马上》，纪君祥的《赵氏孤儿》，王实普的《西厢记》等都是不同题材的优秀元曲代表作。

继唐诗、宋词之后，元曲成为一代文学之盛，有着它独特的魅力：一方面，元曲继承了诗词的清丽婉转；另一方面，元代社会读书人地位低，当时社会黑暗，因而使元曲放射出极为夺目的战斗光彩，透出反抗的情绪，锋芒直指社会弊端，直斥“不读书最高，不识字最好，不晓事倒有人夸俏”的社会，直指“人皆嫌命窘，谁不见钱亲”的世风。元曲中描写爱情的作品也比历代诗词来得泼辣、大胆，这些均足以使元曲永葆其艺术魅力。元曲的成功也宣告了戏剧、小说等叙事文学开始成为中国文学的主流。

（六）明清小说

小说是伴随城市商业经济的繁荣而发展起来的。宋代前后，手工业和商业的发展带来了都市的繁荣，为民间说唱艺术的发展提供了场所和观众。不断扩大的市民阶层对文化娱乐的需求又大大地刺激了这种发展，从而产生出新的文学样式——话本。话本是说话人所用的底本，有讲史、小说、公案、灵怪等不同家数，已初具小说规模。在以后的流传过程中又不断加入新的创作，逐渐成熟。明代经济的发展和印刷业的发达为小说脱离民间口头创作并进入文人书面创作提供了物质条件。明代中叶，白话小说作为成熟的文学样式正式登上文坛。

明清是中国小说史上的繁荣时期。从明代开始，小说这种文学形式充分显示出其社会作用和文学价值，打破了正统诗文的垄断。在文学史上，小说取得与唐诗、宋词、元曲并列的地位。清代则是中国古典小说盛极而衰并向近现代小说转变的时期。其中，清初至乾隆时期是清小说发展的全盛时期，其数量和质量、内容和形式、风格和流派与前代相比都有较大发展。这个时期的小说基本是由文人创作，作品多取材于现实生活，较充分地体现了作者个人的意愿，在结构、叙述和描写人物各方面也多臻于成熟的境界。明清小说的代表性作品主要有《三国演义》《水浒传》《西游记》《儒林外史》《红楼梦》《聊斋志异》等。其中《三国演义》《水浒传》《西游记》《红楼梦》被称为我国古典长篇小说“四大名著”，是文学中不可多得的作品。这里主要介绍这四本长篇小说。

《三国演义》是中国第一部长篇章回体历史演义小说，全名为《三国志通俗演义》（又称《三国志演义》），作者是元末明初的著名小说家罗贯中。《三国演义》描写了从东汉末年到西晋初年近百年的历史风云，以描写战争为主，诉说了东汉末年的群雄割据混战以及魏、蜀、吴三国之间的政治和军事斗争，最终司马炎一统三国，建立晋朝的故事。《三国演义》反映了三国时代各类社会斗争与矛盾的转化过程，并概括了这一时代的历史巨变，塑造了一群叱咤风云的三国英雄人物。全书可大致分为黄巾起义、董卓之乱、群雄逐鹿、三国鼎立、三国归晋五大部分。在广阔的历史舞台上，上演了一幕幕气势磅礴的战争场面。作者更是将兵法三十六计融于字里行间，既有情节，也有兵法韬略。《三国演义》通过描写错综复杂的政治、军事、外交斗争，在客观上把统治阶级的斗争手段、谋略向民间普及，成为一部形象化的政治、军事教科书，包含着十分深厚的文化内涵。

《水浒传》是第一部描写农民起义的小说，一般认为它的作者是施耐庵。北宋末年宋江等人起义反抗官府，这个故事在民间广为流传，在宋元话本和元杂剧中都有所反映，《水浒传》就是在这些传说的基础上创作的。全书围绕“官逼民反”这一线索开展情节，表现了一群不堪暴政欺压的“好汉”揭竿而起，聚义水泊梁山，直至接受招安致使起义失败的全过程。《水浒传》以深刻的思想、广泛的内容、杰出的艺术谱写了一曲封建社会农民起义的英雄史诗、革命悲剧，反映出没落衰败的封建社会的深重的剥削和残酷的压迫激化出阶级矛盾，严厉地批判了封建统治阶级的黑暗腐朽，热情歌颂了起义的英雄，塑造了宋江、武松、林冲、鲁智深、李逵等性格各异的典型人物。《水浒传》所描写的造反是以“忠义”为行动准则的有限度的反抗。“忠义”作为一种伦理道德观念，含有牺牲个体利益以维护正义的献身精神。所以《水浒传》中歌颂反抗与宣扬忠义并不是相悖的，这正是传统文化精神两面性的体现。

《西游记》是我国文学史上一部最杰出的充满奇思异想的神魔小说。作者吴承恩运用浪漫主义手法，翱翔着无比丰富的想象的翅膀，描绘了一个色彩缤纷、神奇瑰丽的幻想世界，创造了一系列妙趣横生、引人入胜的神话故事。全书以“唐僧取经”这一历史事件为蓝本，主要描写了孙悟空出世及大闹天宫后，遇见了唐僧、猪八戒和沙僧三人，西行取经，一路降妖伏魔，经历了九九八十一难，到达西天见到如来佛祖，最终五圣成真的故事。在中国古典小说中，《西游记》可以说是趣味性和娱乐性最强的一部作品。虽然取经路上尽是险山恶水，妖精魔怪层出不穷，充满刀光剑影，孙悟空的胜利也来之不易，但读者的阅读感受总是轻松的，充满愉悦，没有太多紧张感和沉重感。《西游记》自问世以来在民间广为流传，各式各样的版本层出不穷。鸦片战争以后，大量中国古典文学作品被译为西文。《西游记》渐渐传入欧美，被译为英、法、德、意、西、手语、世（世界语）、斯（斯瓦希里语）、俄、捷、罗、波、日、朝、越等文种。中外学者发表了不少研究论文和专著，对这部小说做出了极高的评价。所以《西游记》不仅是中国文学中的一部杰作，也是世界文学中的瑰宝。

《红楼梦》是中国古代章回体长篇小说，是我国文学史中优秀的现实主义巨著。通行本共 120 回，大部分人认为前 80 回是清代作家曹雪芹所著，后 40 回作者为无名氏，整理者为程伟元、高鹗。小说以贾、史、王、薛四大家族的兴衰为背景，以富贵公子贾宝玉为视角，以贾宝玉与林黛玉、薛宝钗的爱情婚姻悲剧为主线，描绘了一些闺阁佳人的人生百态，揭露了封建社会后期的种种黑暗和罪恶，及其不可克服的内在矛盾，对腐朽的封建统治阶级和行将崩溃的封建制度做了有力的批判，同时也展现了真正的人性美和悲剧美，可以说是一部从各个角度展现女性美以及中国古代社会百态的史诗性著作，更被称为中国封建社会的百科全书和传统文化的集大成者。小说的巨大社会意义在于它不是孤立地去描写这个爱情悲剧，而是以恋爱、婚姻悲剧为中心，其中又以贾府为中心，同时小说还通过对贵族叛逆者的歌颂表达了新的朦胧的理想。二十世纪以来，《红楼梦》更以其丰富深刻的思想底蕴和异常出色的艺术成就使学术界产生了以其为研究对象的专门学问——红学。

自宋迄清，产生长篇小说三百余部，短篇小说数以万计。这些作品以前所未有的广度和深度反映了当时社会生活的各个方面，成为人民群众认识社会和文娱生活的主要文学样式。发迹于讲唱的中国白话小说形成了单线结构，重视情节，通过动态刻画人物，语言生动上口，风格独特。而大规模的文人和群众密切融合的创作方法也为世界文学提供了少见的范例。这些白话小说不仅对中国后世的文学、戏剧、电影有巨大影响，也对日本、朝鲜、越南等国的文学创作产生过巨大影响。其中的优秀作品被翻译成十几种文字，为世界文化交流做出了重要贡献。

学后心得：

任务 3　文化实践任务单

<table>
<tr><td>执行任务人</td><td colspan="3"></td><td>班级</td><td></td></tr>
<tr><td>任务名称</td><td colspan="5">古代文学元素的现代应用</td></tr>
<tr><td>任务背景</td><td colspan="5">古代文学元素在现代的应用无处不在，无论是典雅的古风音乐、挺拔秀丽的古风建筑、悠久绵长的茶文化，还是各色传奇的英雄人物，以及唯美悠扬的古诗词，这些现代音乐、服饰、建筑、影视剧等通过各种形式展示着古代文学的美。要求通过搜寻古代文学元素在现代应用的案例，了解了古代文学元素与现代生活方方面面的联系，唤醒同学们的民族自豪感，增强同学们守护中华优秀传统文化、传承中华优秀传统文化的责任感</td></tr>
<tr><td>任务实施</td><td colspan="5">（1）了解中国古代文学的成就
（2）搜寻蕴含古代文学元素的现代音乐、服饰、建筑或影视剧等
（3）简要说明所搜寻资源中蕴含的古代文学元素
（4）以 PPT 形式或者文案形式呈现</td></tr>
<tr><td>任务成果展示</td><td colspan="5"></td></tr>
<tr><td rowspan="5">任务综合评估</td><td rowspan="3">教师评分</td><td>评价标准</td><td>分值</td><td>得分</td><td>备注</td></tr>
<tr><td>成果蕴含古代文学元素</td><td>50</td><td></td><td></td></tr>
<tr><td>介绍正确且语句通畅，思路清晰</td><td>50</td><td></td><td></td></tr>
<tr><td>学生互评评语</td><td></td><td></td><td></td><td></td></tr>
<tr><td>自我修正及感悟</td><td></td><td></td><td></td><td></td></tr>
</table>

学生任务完成情况记录：

项目五

中国古代音乐戏曲

◇ 项目导读：

中国是“礼乐之邦”，所谓“立于礼，成于乐”。礼乐相济的主导思想渗透在表演艺术的方方面面，中国古代音乐、中国传统戏曲都强调直觉，重视体验，坚持虚与实、形与神、有限与无限相统一的诗化原则，追求“天人合一”，以及雅正端庄又不失灵动优美的“典雅”境界，注重审美，讲究心灵体验，以典雅的艺术来净化受众的情感，陶冶人们的情操，使人们追求圆满和谐、清逸高尚的精神品格。

◇ 学习目标：

（1）了解中国古代音乐、中国传统戏曲的由来与发展。

（2）了解中国古代音乐戏曲的特点和基本类型。

◇ 理论要求：

具备介绍几种中国古代音乐戏曲和部分代表作品的能力。

◇ 技能要求：

具备演绎一段家乡传统的音乐戏曲的能力。

◇ 素质要求：

树立正确的审美观，建立对传统艺术的自信。

任务 1　课前自测

◆ 判断题

1. 埙是目前已知最早的乐器。（　　）
2. 二胡其实是一种少数民族乐器。（　　）
3. 优美的音乐是可以治病的。（　　）
4. 最早的诗歌总集《诗经》就是最早的流行歌曲。（　　）
5. 戏曲中饰演“小生”的都是年轻的男孩子。（　　）
6. 昆剧的发源地在江苏。（　　）
7. 中国古代音乐只有“宫、商、角、徵、羽”五个音阶。（　　）

学前思考：

写一写你心目中的中国古代音乐戏曲是什么样的？

____

____

____

____

任务 2　文化解读

音乐与戏曲是一种特殊的声音艺术，能够充实人们的文化生活，陶冶人们的心灵。我国的传统音乐戏曲极其丰富，从黄钟大吕到风情小调，从阳春白雪到下里巴人，无不渗透着中华五千年文明的深厚文化底蕴，呈现出一幅中国社会历史生活的文化长卷，其中音乐是人类意识活动的产物，具有多样性和复杂性的特征；而戏曲则以表演艺术为中心，融合了文学、音乐、舞蹈、美术等多种艺术元素。

一、中国古代音乐

中国是人类发源地之一，我们的祖先在神州大地上繁衍生息，大约有 170 万年的历史，创造了辉煌的中华文明。同时我们国家也是世界上音乐文化发展较早的国家之一，音乐文化可以追溯到新石器时代。当人们开始制造原始的工具和进行集体劳动的时候，音乐便在他们的劳动节奏和劳动号子声中萌发了。

（一）中国古代音乐的发展

1. 远古时期的音乐

古代文献中关于远古音乐的传说，大致可分为两类：一类是以某某氏为名的古乐，如朱襄氏之乐、阴康氏之乐、葛天氏之乐、伊耆氏之乐等；另一类是被尊为古代帝王的黄帝、颛顼、帝喾、帝尧、帝舜和夏禹等时代的古乐。

在河南省舞阳县贾湖村新石器遗址发掘出了随葬的二十一支骨头制的笛子，距今有 8 000~9 000 年之久，这些笛子大多钻有七个孔，也证明了古老的中国音乐在几千年前就已经发展到了相当高的水平。

骨笛（图片）

《吕氏春秋 · 仲夏纪 · 古乐》记载：“昔黄帝令伶伦作律……听凤凰之鸣，以别十二律。”《尚书 · 舜典》中记载：“命汝典乐，教胄子，直而温……，诗言志，歌咏言，声依永，律和声。八音克谐，无相夺伦，神人以和。”上古文献中有关音乐的史料还有很多，但这些记载都是与劳动和生活息息相关的，如人们在土鼓、石磬之类的原始乐器的伴奏下模仿兽类形态的舞蹈，这是原始人类狩猎生活的反映，人们也从音乐中得到鼓舞的力量。葛天氏之乐是“三人操牛尾，投足以歌八阕”（《吕氏春秋》），即舞者拿着牛尾巴，边舞边唱。所唱的八首歌中，有《遂草木》《奋五谷》《总禽兽之极》等，就表现了人们盼望农牧业取得好收获的心愿。

2. 夏、商、周时期的音乐

传说中夏代的代表性乐舞是《大夏》，以歌颂夏禹治水的业绩为内容，由九个段落组成，演出时需要伴奏，又称《夏》。此外，夏代的乐舞还有启的《九招》和《九歌》。

商代社会一个最突出的特点就是崇尚鬼神，凡祭祀等礼举行时，必然要伴以歌舞。当时生产力的发展使得青铜器的制作水平快速提高，进而促进了商代乐器制作工艺的发展，随着音乐的发展，乐器的出现标志着中国古乐律体系初步确立，表明当时的音乐发展已渐趋成熟，代表作有《桑林》《大濩》。

西周是中国奴隶社会的强盛发展时期，作为宗族奴隶制国家的上层建筑的宗法制度以及相应的礼乐制度均达到了完备的程度。对于各种礼仪中音乐的应用，按不同的等级，周代礼乐制度有严格的规定。据统计，周代乐器见于记载者近七十种，其中见于《诗经》的就有二十九种之多。随着乐器品种的增加，按乐器的制作材料，乐器分为金、石、土、革、丝、木、匏、竹八类，即“八音”。“八音”之中，金石乐器（青铜铸造的钟、铙、镛、铎等及石制的磬）占有重要地位，是青铜时代奴隶主统治阶级权力的象征，钟、磬的大小和编列的多少成了统治阶级不同等级的标志。由于统治阶级的重视，这类乐器的制作无论是艺术造型还是音乐性能都不断得到改善，并达到了令人惊叹的水平。

战国曾侯乙编钟是战国早期曾国国君的一套大型礼乐重器，每件钟均能奏出三度音阶的双音，全套钟十二个半音齐备，可以旋宫转调。音列是现今通行的C大调，能演奏五声、六声或七声音阶乐曲。战国曾侯乙编钟的出土改写了世界音乐史，是中国迄今发现数量最多、保存最好、音律最全、气势最宏伟的一套编钟，代表了中国先秦礼乐文明与青铜器铸造技术的最高成就。

曾侯乙编钟（图片）

3. 秦汉时期的音乐

秦朝曾设专门管理音乐的官署——乐府。汉代扩大了乐府的机构和职能，在汉武帝时期，乐府发展迅速，当时统治阶级非常重视民间俗乐，让乐府四处收集各地民歌，兼收并蓄西域、北狄等民族音乐，引进百戏，就是各种杂耍技艺。同时，在广泛收集各地民歌的基础上，宫廷音乐家、文学家对民歌进行整理加工，改编后供宫中祭祀、宴乐之用。汉乐府的建立，对我国汉民间音乐的收集整理，以及促进汉族和少数民族之间的音乐文化交流和融合起到了积极作用。

4. 隋唐时期的音乐

三国、两晋、南北朝是中国历史上一个大动乱的时期。这时，国家分裂，战乱频发，错综复杂的矛盾扭曲了社会的形象。固有的秩序，旧时的信念，统统都已幻灭。人们冀求着新的精神寄托，音乐便是一个理想的精神追求。清商乐是这时期兴起并在当时音乐生活中占据主导地位的一种音乐。它是晋室南迁之后，旧有的相和歌和由南方民歌发展起来的“吴声”“西曲”（或称“吴歌”“荆楚西声”）相结合的产物。

隋唐时期，在国家统一的局面下，经济繁荣，国力强盛。在此基础上，各族人民共同创造了光辉灿烂的音乐文化，繁盛的燕乐便是它的主要标志。

隋唐燕乐，是为满足统治阶级享乐的需要而汇集在宫廷里的俗乐的总称，它包括汉族的和少数民族的、中国的和外国的音乐。从隋初的七部乐到唐贞观时的十部乐，包括燕乐、清商乐、西凉乐、高昌乐、龟兹乐、疏勒乐、康国乐、安国乐、天竺乐和高丽乐。

燕乐包括各种声乐、器乐、舞蹈乃至散乐百戏之类的体裁和样式，而其主体则是歌舞音乐。歌舞音乐中，大曲（包括法曲）又居于重要的地位。燕乐大曲直接继承了相和大曲和清乐大曲的传统，又有了重大的发展。燕乐大曲在音乐的主题结构或者节奏的发展层次都远较以前的相和大曲和清乐大曲更为细致，更为复杂多变，其结构也庞大得多。以著名的法曲《霓裳羽衣》为例，全曲共有三十六段，其中“散序”六段，为器乐的演奏；“中序”（“排遍”）十八段，是慢板的抒情歌舞；“破”（“舞遍”）十二段，是节奏急促的快速舞蹈，有器乐伴奏。不难想见，如果没有丰富的艺术手段、高超的技巧和动人的感染力，该作品绝不可能在当时取得公认的完美的艺术效果。燕乐大曲的高度艺术成就标志着歌舞音乐发展的一个高峰。

5. 宋元时期的音乐

唐末黄巢领导的农民大起义给予封建统治阶级以沉重的打击。之后，经过半个世纪五代十国的动乱时期，公元 960 年宋朝建立。隋唐以来的曲子，到宋代及以后相当长的一段时期中成了一种广泛流行的歌曲形式。它的发展，直接导致了宋词创作的繁荣。不少著名词人的作品被运用于实际的演唱。

宋元时期的说唱音乐和曲子有较多联系的主要是鼓子词和诸宫调。鼓子词的音乐比较简单，用一首曲子反复咏唱，中间插入散文讲说，以说唱故事。其音乐结构是：用同一宫调的若干首曲子连成一个套数，把不同宫调的若干套数或单曲连接起来，用以说唱长篇故事。

宋元两代是新兴的戏曲获得重大发展和趋于成熟的时期，在北方有杂剧，在南方有南戏，杂剧继承唐代歌舞戏和参军戏的传统，在广泛兴起的曲子的基础上，经过宋金时代的发展，在元代达到了它的鼎盛时期。

6. 明清时期的音乐

明清两代是封建制度渐趋衰落的时期，杂剧和南戏在明代出现了新的发展趋势——

杂剧渐趋衰微和南戏转趋兴盛。由于南戏（传奇）主要流行在中国南方，在流传当中，不断与各地民间音乐相结合，并根据各地语言音调的不同而不断派生出多种南方的戏曲声腔，如“海盐腔”（浙江）、“余姚腔”（浙江）、“弋阳腔”（江西）、“昆山腔”（江苏）等。

明清时期音乐科学的重大成就是十二平均律的发明。明代杰出的音乐理论家朱载堉经过数十年刻苦钻研，以及大量的科学实验和精密计算，创造了“新法密率”，即十二平均律，彻底解决了千百年来旧的三分损益律和旋宫转调的创作要求之间的矛盾，为音乐艺术和音乐科学的发展做出了不可磨灭的贡献。

（二）中国古代乐理、乐器

1. 中国古代乐理

中国古代乐理由五音十二律组成，这是一种定音方式。五音，即宫、商、角、徵、羽。“五音”最早见于《孟子·离娄上》：“不以六律，不能正五音。”十二律，即用三分损益法将一个八度分为十二个不完全相同的半音的一种律制。各律从长到短依次为：黄钟、大吕、太簇、夹钟、姑洗、仲吕、蕤宾、林钟、夷则、南吕、无射、应钟。十二律又分为阴阳两类，凡属奇数的六种律称阳律，属偶数的六种律称阴律。另外，奇数各律称“律”，偶数各律称“吕”，故十二律又简称“律吕”。阳律六：黄钟、太簇、姑洗、蕤宾、夷则、无射。阴律六：大吕、夹钟、中吕、林钟、南吕、应钟。

《灵枢·邪客》提到宫、商、角、徵、羽五音，相传是由中国早期的乐器“埙”的五种发音而得名，相当于 1、2、3、5、6，即 do、re、mi、sol、la。声韵学五声音阶上的五个级——宫、商、角、徵、羽，分别与喉、齿、牙、舌、唇的不同发音部位相配。

宫：五音之一。通常相当于今首调唱名中的 do 音。“宫”音为五音之主、五音之君，统帅众音。《国语·周语下》曰：“夫宫，音之主也，第以及羽。”《礼记·乐记》曰：“宫为君，商为臣，角为民，征为事，羽为物，王者不乱，则无怗滞懘之音矣。”

商：五音之一。通常相当于今首调唱名中的 re 音。“商”音为五音第二级，居“宫”之次。古人认为，“商，属金，臣之象”“臣而和之”。有以商音为主音、结声构成的调（式）名，如唐段安节的《乐府杂录·别乐识五音轮二十八调图》中的“入声商七调”。

角：五音之一。通常相当于今首调唱名中的 mi 音。“角”为五音之第三级，居“商”之次。古人以为，“角属木，民之象”。有以角音为主音、结声构成的调（式）名，如唐段安节的《乐府杂录·别乐识五音轮二十八调图》中的“上声角七调”。

徵：五音之一。通常相当于今首调唱名中的 sol 音。“徵”（音 zhǐ）为五音之第四级，居“角”之次。古人以为，“徵属火，事之象”。有以徵音为主音、结声构成的调（式）名。

羽：五音之一。通常相当于今首调唱名中的 la 音。“羽”为五音之第五级，居“徵”之次。古人以为，“羽属水，物之象”。有以羽音为主音、结声构成的调（式）名，如唐段安节的《乐府杂录·别乐识五音轮二十八调图》中的“平声羽七调”。

2. 中国古代乐器

乐器是人类音乐生活的重要组成部分，各种乐器的产生和发展与人类生产力发展状况、社会结构、音乐发展水平息息相关，许多原始乐器是从生产工具演化而来的。在河南舞阳县贾湖村出土的骨笛，距今 8 000~9 000 年，是中国最早的乐器实物。

“八音”就是我国最早按乐器的制造材料来对乐器进行分类的方法，最早见于《周礼·春宫》，分为“金、石、土、革、丝、木、匏、竹”八类。

“金”类包括钟、铃、镈、镛、铙、笙钟、颂钟等；

“石”类包括玉磬、笙磬、颂磬、鸣球等；

“土”类包括埙、缶等；

“革”类包括县鼓、鼗、应鼓、搏拊等；

“丝”类包括琴、瑟、筑、筝等；

“木”类包括圄、柷等；

“匏”类包括竽、笙、簧等；

“竹”类包括箫、龠、笛、篪等。

这“八音”中的乐器，在后世被称为“华夏旧乐”或“华夏旧器”，主要是为了与外来的乐器有所区别。

西汉丝绸之路开通之后，中国出现了大量的“胡夷之乐”，如琵琶、箜篌、筚篥、羯鼓、羌笛等，这些乐器也能够按照“八音”分类法进行分类。

古代乐器主要有埙、缶、筑、排箫、箜篌、筝、古琴、瑟、笛子等。汉唐以后，源于外国的乐器如筚篥、琵琶、胡琴等为中国音乐所采纳，并被中国人改良发展，逐渐替代了一些本土乐器。除此之外还有编钟，编钟在中国古代音乐中占有极其重要的地位。编钟属于变音打击乐器族，发音类似钟声，清脆悦耳、延音持久，适合于演奏东方五声音阶的音乐。

二、中国传统戏曲

中国传统戏曲是中华民族文化的一个重要组成部分，中国传统戏曲起源于原始歌舞，是一种历史悠久的综合舞台艺术样式。经过汉、唐时期的发展，到宋、金才形成比较完整的戏曲艺术，它由文学、音乐、舞蹈、美术、武术、杂技以及表演艺术综合而成，约有三百六十个种类。中国传统戏曲以丰富的艺术魅力的表现形式为历代人们所推崇，我国戏曲源于原始社会的歌舞，经过漫长的发展演变，至宋元时期形成了比较完整的艺术形态。

（一）中国传统戏曲发展

中国的戏曲与希腊悲剧和喜剧、印度梵剧并称为世界三大古老的戏剧文化，经过长期的发展演变，逐步形成了“京剧、越剧、黄梅戏、评剧、豫剧”五大核心戏曲剧种。

1. 先秦萌芽期

戏曲是我国传统的戏剧形式，是我国具有民族特点和风格的艺术样式之一。其最早可以追溯到上古时代用来娱神的原始歌舞。《尚书·尧典》上说：“於！予击石拊石，百兽率舞。”如今在许多偏远古老的农村，还保持着源远流长的歌舞传统，如“傩戏”。《诗经》里的“颂”，《楚辞》里的“九歌”，就是祭神时歌舞的唱词。从春秋战国到汉代，在娱神的歌舞中逐渐演变出娱人的歌舞。从汉魏到中唐，又先后出现了以竞技为主的“角抵”（百戏）、以问答方式表演的“参军戏”和扮演生活小故事的歌舞“踏摇娘”等，这些都是萌芽状态的戏剧。

2. 唐宋发展期

中唐以后，中国戏剧快速发展，戏剧艺术逐渐形成。经济的高度发展促进了戏曲艺术自立门户，并给戏曲艺术以丰富的营养，诗歌的声律和叙事诗的成熟给戏曲带来决定性影响。唐玄宗时，宫廷中设立有教演艺人的专门场所，称作梨园，排演《兰陵王》《踏摇娘》一类的歌舞戏以及用滑稽对话、动作表演的参军戏。这些表演具有叙述性、情节性特色，是向戏曲方向发展的结果，因此后世称戏班为梨园，称演员为梨园弟子。

宋金时期，中国戏曲开始成熟，出现了以讲唱歌舞为主的诸宫调，有人物故事情节的傀儡戏、皮影戏以及舞、曲、白表演手段完备的戏曲形式——杂剧。

3. 元代成熟期

到了元代，“杂剧”在原有基础上得到大力发展，成为一种新型的戏剧。它具备了戏剧的基本特点，标志着中国戏剧进入成熟的阶段。12 世纪中期到 13 世纪初，社会逐渐出现了职业艺术和商业性的演出团体及反映市民生活和观点的元杂剧和金院本，如关汉卿创作的《窦娥冤》、马致远的《汉宫秋》、纪君祥的《赵氏孤儿大报仇》等作品。这个时期是戏曲舞台的繁荣时期。

元杂剧不仅是一种成熟的高级戏剧形态，还因其最富于时代特色，最具有艺术独创性，而被视为一代文学的主流。元杂剧最初以大都（今北京）为中心，流行于北方。元灭南宋后，元杂剧发展成为全国性的剧种。

元杂剧的剧本体制绝大多数由“四折一楔”构成。四折，是四个情节的段落，像做文章讲究起承传合一样。楔子的篇幅短小，通常放在第一折之前，这有点类似于后来的“序幕”。元杂剧在艺术上是以歌唱为主、结合说白表演的形式。每一折由同一宫调的若干支曲子连成一个套曲。全套只押一个韵，由扮演男主角的正末或扮演女主角的正旦演唱。这种“一人主唱”的形式可以极大地发挥歌唱艺术的特长，酣畅淋漓地塑造主要人物形象。念白部分受参军戏传统的影响，常常插科打诨，富有幽默趣味。元杂剧将音乐结构与戏剧结构统一起来，达到体制上的规整，表明其在艺术上的成熟和完善。

4. 明清繁荣期

戏曲到了明代，传奇发展起来了。明代传奇的前身是宋元时期的南戏（南曲戏文的简称），南戏是在宋代杂剧的基础上，与南方地区曲调结合而发展起来的一种新兴的戏剧形式。南戏在体制上与北杂剧不同，它不受四折的限制，经过文人的加工，这种本来不够严整的短小戏曲，终于变成相当完整的长篇剧作。例如，高明的《琵琶记》就是一部由南戏向传奇过渡的作品。这部作品的题材来源于民间传说，比较完整地表现了一个故事，并且有一定的戏剧性，曾被誉为“南戏中兴之祖”。

明代中叶，传奇作家和剧本大量涌现，其中成就最大的是汤显祖。他一生写了许多传奇剧本，《牡丹亭》是他的代表作。作品通过杜丽娘和柳梦梅生死离合的故事，歌颂了反对封建礼教，追求幸福爱情，要求个性解放的反抗精神。明后期的舞台开始流行以演折子戏为主的风尚。所谓折子戏，是指从有头有尾的全本传奇剧目中摘选出来的出目。它只是全剧中相对独立的一些片段，但是在这些片段里，场面精彩，唱作俱佳。折子戏的脱颖而出，是戏剧表演艺术强劲发展的结果，又是时间与舞台淘洗的必然。观众在熟悉剧情之后，便可尽情地欣赏折子戏的表演技艺了。《牡丹亭》中的“游园”“惊梦”，《拜月亭记》中的“踏伞”“拜月”，《玉簪记》中的“琴挑”“追舟”等众多的折子戏，已成为精品。

明代的传奇这种戏剧样式一直延续至清代，故又被人习惯地称作明清传奇。明清传奇在形式上承继南戏体制，且更加完备。

（二）国粹京剧

1. 京剧的发展

国粹京剧是在北京形成并流行于全国的戏曲种类，已有200多年的历史，京剧主要来源于徽剧和汉调。

清代乾隆五十五年（1790年），原在南方演出的三庆、四喜、春台、和春（多以安徽籍艺人为主）四大徽班陆续进入北京，与来自湖北的汉调艺人合作，同时接受了昆曲、秦腔的部分剧目、曲调和表演方法，又吸收了一些地方民间曲调，通过不断的交流、融合，最终形成京剧。

京剧在文学、表演、音乐、舞台美术等各个方面都有一套规范化的艺术表现形式。京剧的唱腔属板式变化体，以二簧、西皮为主要声腔。京剧伴奏分文场和武场两大类，文场以胡琴为主奏乐器，武场以鼓板为主奏乐器。京剧的角色分为生、旦、净、丑、杂、武、流等行当，后三行已不再立专行。各行当都有一套表演程式，唱念做打的技艺各具特色。京剧以历史故事为主要演出内容，传统剧目有一千三百多个，常演的在三四百个以上。

2006 年 5 月，京剧被国务院批准列入第一批国家级非物质文化遗产名录。2010 年，京剧被列入联合国教科文组织非物质文化遗产名录（名册）人类非物质文化遗产代表名录。

20 世纪 50 年代是中国京剧艺术的鼎盛时期，著名的“四大名旦”就产生于这个时期，京剧形成之初，舞台表演以“老生”流派为主，到了这个时期，梅兰芳、程砚秋、荀慧生、尚小云创意革新，积极排演新戏。例如，梅兰芳在新编的《嫦娥奔月》《霸王别姬》《西施》等戏中，把我国传统的古典舞蹈艺术吸收到了京剧中来。程砚秋、荀慧生、尚小云也都编演了能够体现自己艺术特色的戏曲，如程砚秋的《春闺梦》、荀慧生的《钗头凤》、尚小云的《汉明妃》等，京剧舞台上出现四大名旦争艳的局面，使京剧成为全国最有影响的剧种。

2. 京剧的行当

京剧行当的划分，除依据人物的自然属性（性别、年龄）和社会属性（身份、职业）外，主要是按人物的性格特征来分类，一般分为生、旦、净、末、丑。

生旦净丑（微课）

生：男性正面角色的统称，分老生（又分重唱的安工老生、重武的靠把老生）、武生（分长靠武生、短打武生）、小生（分扇子生、雉尾生、穷生、武小生）。

旦：女性正面角色的统称，分青衣（正旦）、花旦、闺门旦、刀马旦、武旦、彩旦、老旦。

净：俗称花脸，大多是扮演性格、品质或相貌上有些特异的男性人物，化妆用脸谱，音色洪亮，风格粗犷。“净”又分为正净、副净、武净三大类。

末：末指扮演中年以上的男性，现在已经并入生行。

丑：扮演喜剧角色，因在鼻梁上抹一小块白粉，俗称小花脸。分文丑（分方巾丑、袍带丑、老丑、茶衣丑，并兼演彩旦、婆子）、武丑（又称开口跳）等。

3. 京剧脸谱

京剧脸谱，是一种具有中国文化特色的特殊化妆方法。由于每个历史人物或某一种类型的人物都有一种大概的谱式，就像唱歌、奏乐都要按照乐谱一样，所以称为“脸谱”。脸谱的主要特点有三个：美与丑的矛盾统一，与角色的性格关系密切，其图案是程式化的。

京剧有几千出戏，有数不清的花脸角色，而每个角色都有自己的一套画法，这就是我们所说的脸谱。脸谱看起来五颜六色、五花八门，其实自有一套章法，也就是说各有各的谱。如果从线条和布局来看，大致可分为整脸、三块瓦脸、十字门脸、碎花脸、歪脸、白粉脸、太监脸等。

关公脸谱（图片）

整脸：一种颜色为主色，以夸张肤色，再勾画出眉、眼、鼻、口和细致的面部肌肉纹细。整脸最典型的两种谱式是“红脸”和“白脸”。红脸一般表示人物忠勇正直，比如红脸的关羽；曹操脸谱则以白色整脸为主，表示满腹奸诈。

曹操脸谱（图片）

三块瓦脸：又称“三块窝脸”，是在整脸的基础上进一步夸张眉、眼、鼻的画片，用线条勾出两块眉、一块鼻窝，所以称“三块瓦脸”。其中又再分“正三块瓦”“尖三块瓦”“花三块瓦”“老三块瓦”等，如窦尔敦与项羽的脸谱。

十字门脸与六分脸：十字门脸由三块瓦脸发展出来，特点是将三色缩小为一个色条，从月亮门一直勾到鼻头以下，用这色条象征人物性格；主色条和眼窝构成一个“十”字，故名“十字门脸”，又分“花十字门”“老十字门”。六分脸特点是将脑门的主色缩为一个色条，夸大眉形，白眉形占十分之四，主色占十分之六。“六分脸”也称“老脸”，如张飞的脸谱。

碎花脸与歪脸：碎花脸由“花三块瓦脸”演变而来，保留主色，其他部位用辅色添勾花纹，色彩丰富，构图多样，线条细碎，故称“碎花脸”，如许褚的脸谱。歪脸主要用来夸张帮凶打手们的五官不正、相貌丑陋特点，勾法不对称，给人以歪斜之感。

窦尔敦脸谱（图片）　项羽脸谱（图片）　张飞脸谱（图片）　许褚脸谱（图片）

僧脸与太监脸："僧脸"又名"和尚脸"，特征是腰子眼窝、花鼻窝、花嘴岔，脑门勾一个舍利珠圆光或九个点，表示佛门受戒。太监脸专用来表现擅权害人的宦官，色彩只有红白两种，形式近似"整脸"与"三块瓦脸"，只是夸张太监的特点；脑门勾个圆光，以示其阉割净身；脑门和两颊的胖纹表现出养尊处优、脑满肠肥的神态。

歪脸（图片）　　僧脸（图片）　　太监脸（图片）

元宝脸与象形脸：元宝脸的脑门和脸膛的色彩不一，其形如元宝，故称"元宝脸"，分"普通元宝脸""倒元宝脸""花元宝脸"三种。象形脸一般用于神话戏，构图和色彩均从每个精灵神怪的形象特征出发，无固定谱式；画法要似像非像，不可过于写实，讲究"意到笔不到"，贵在"传神"，让观众一目了然，一看便知道何种神怪所化。

元宝脸（图片）　　象形脸（图片）

神仙脸与丑角脸：神仙脸由"整脸""三块瓦"发展而来，都用来表现神、佛的面貌，构图取法佛像；主要用金、银色，或在辅色中添勾金、银色线条和涂色块，以示神圣威严。丑角脸又名"三花脸"或"小花脸"，特点是在鼻梁中心抹一个白色"豆腐块"，用漫画的手法表现人物的喜剧特征。

小妖脸与英雄脸：小妖脸表现的是神话戏中的天将、小妖等角色，这种脸谱又名"随意脸"；英雄脸不是指杰出人物的脸，而是指扮演拳棒教师和参与武打的打手的脸。

神仙脸（图片）　　丑角脸（图片）　　小妖脸（图片）　　英雄脸（图片）

（三）特色地方戏

中国地域辽阔，民族众多，有许多方言，以方言为基础的地方戏丰富多彩。地方戏是指流行于一定区域内，具有地方特色的戏曲种类的统称。地方戏是传统文化的重要载体，凝集了某个区域或地域的风俗习惯，深受当地人的喜爱。

1. 越剧

越剧发源于古越国所在地浙江绍兴地区，是浙江省的主要地方戏之一，流行于浙江、上海、江苏、江西、安徽等地区，是在山歌小调与余姚秧歌班的影响下发展而成的。

越剧长于抒情，以唱为主，声音优美动听，表演真切动人，唯美典雅，极具江南灵秀之气。越剧多以“才子佳人”题材为主，艺术流派纷呈，公认的就有十三大流派之多，主要代表剧目有《红楼梦》《西厢记》《梁山伯与祝英台》《白蛇传》《追鱼》《五女拜寿》等。

2. 豫剧

豫剧，也叫河南梆子、河南高调、河南讴，豫西山区则称之为靠山吼，是中国梆子声腔剧种中极为重要的一支，是主要流行于河南省、流传中国各地的传统戏剧，是国家级非物质文化遗产之一。

从清朝末期以来，豫剧逐渐形成四大声腔，即以开封为中心的祥符调、以商丘为中心的豫东调、以洛阳为中心的豫西调以及以沙河流域为中心的沙河调（涉及河南东南部、安徽北部等地）。豫剧的唱腔音乐结构属板式变化体，其主要声腔板式有四种，即二八板、慢板、流水板、散板。二八板在豫剧的四大板类中表现力最强，变化最丰富。豫剧主要代表剧目有《穆桂英挂帅》《红娘》《抬花轿》《春秋配》《七品芝麻官》《花木兰》等。

3. 黄梅戏

黄梅戏，原名黄梅调、采茶戏等，起源于湖北黄梅，发展壮大于安徽安庆。黄梅戏是由山歌、秧歌、茶歌、采茶灯、花鼓调逐步形成发展起来的一个剧种。它吸收了汉剧、楚剧、高腔、采茶戏、京剧等众多剧种的因素，逐渐形成了自己的艺术特点。

黄梅戏唱腔淳朴流畅，以明快抒情见长，具有丰富的表现力，表演质朴细致，以真实活泼著称，一曲《天仙配》让黄梅戏流行于大江南北，在海外亦有较高的声誉。黄梅戏主要代表剧目有《天仙配》《女驸马》《牛郎织女》《夫妻观灯》《打猪草》《纺棉纱》等。

4. 评剧

评剧，流传于中国北方，是汉族传统戏曲剧种之一，是广大人民所喜闻乐见的剧种之一。19 世纪末，河北唐山一带的贫苦农民于农闲时以唱“莲花落”谋生，逐渐出现了专业的“莲花落”艺人。莲花落又称“落子”，是一种长期流行在民间的说唱艺术，评剧就是在莲花落基础上发展起来的。评剧主要代表剧目有《秦香莲》《小女婿》《花为媒》《刘巧儿》等。

5. 花鼓戏

花鼓戏（微课）

花鼓戏是一种戏曲剧种，是湖南各地花鼓戏流派的总称。严格来说，湖南花鼓戏是一个笼统的剧种概念，湖南花鼓戏根据流行地区的不同可细分为长沙花鼓戏、岳阳花鼓戏、衡州花鼓戏、邵阳花鼓戏、常德花鼓戏、永州花鼓戏六个流派。因此，" 湖南花鼓戏" 并不是一个单一的地方剧种。《刘海砍樵》《打铜锣》《补锅》等是代表湖南花鼓戏的长沙花鼓戏中的剧目，可以说人们一般所说的湖南花鼓戏其实就是长沙花鼓戏。

学后心得：

任务3　文化实践任务单

<table>
<tr><td>执行任务人</td><td colspan="3"></td><td>班级</td><td></td></tr>
<tr><td>任务名称</td><td colspan="5">互评家乡传统音乐戏曲</td></tr>
<tr><td>任务背景</td><td colspan="5">中国古代音乐戏曲是文化的重要载体，通过了解自身家乡的音乐戏曲艺术，加深对本源文化的自信和兴趣，要求同学相互表演、评价及记录</td></tr>
<tr><td>任务实施</td><td colspan="5">（1）了解自己家乡的传统音乐戏曲
（2）同桌之间相互介绍各自家乡的音乐戏曲并表演出来
（3）同桌之间对其表演和介绍进行评价
（4）记录同桌家乡的音乐戏曲种类、特点及观后感</td></tr>
<tr><td>任务成果展示</td><td colspan="5"></td></tr>
<tr><td rowspan="6">任务综合评估</td><td rowspan="4">教师评分</td><td>评价标准</td><td>分值</td><td>得分</td><td>备注</td></tr>
<tr><td>记录是否准确、详细、清晰</td><td>40</td><td></td><td></td></tr>
<tr><td>表演观看认真，尊重同学</td><td>30</td><td></td><td></td></tr>
<tr><td>同学之间主动交流、互动，不跑题</td><td>30</td><td></td><td></td></tr>
<tr><td>学生互评评语</td><td></td><td></td><td></td><td></td></tr>
<tr><td>自我修正及感悟</td><td></td><td></td><td></td><td></td></tr>
</table>

学生任务完成情况记录：

项目六

中国古代服饰

◇ 项目导读：

“美人四人，其二人楚服，二人汉服”是《马王堆三号墓遣册》关于“汉服”最早的记载。其中的“汉服”是指汉朝的服饰礼仪制度，即《周礼》《仪礼》《礼记》里的冠服体系。“一朝文化，一朝服饰”，中国古代服饰一直都随着王朝的更迭而不停改变，这体现了不同时代先人的智慧。全面地了解每个朝代的服装，有利于加深我们对历史的全面认知。中国传统服饰所呈现的是不同朝代的多彩文化风貌和哲思，可以让我们不忘初心，追求本源。

◇ 学习目标：

（1）了解中国古代服饰的发展过程。

（2）了解中国古代服饰发展的社会、政治、哲学等环境因素。

（3）了解中国古代服饰发展在中国传统文化中的重要影响。

◇ 理论要求：

具备介绍不同时期中国服饰文化的形成过程、特点与演变过程的能力。

◇ 技能要求：

具备讲解中国传统纺织工艺的能力。

◇ 素质要求：

树立正确的文化价值观，建立文化自信。

任务1 课前自测

◆ 判断题

1. 唐宋以前古人提到的“布”，都是指麻布。 (　　)
2. 黄道婆和黄道吉日没有关系。 (　　)
3. 唐诗中的“长安一片月，万户捣衣声”指的是提取麻料的过程。 (　　)
4. 九品芝麻官不是官名。 (　　)
5. 赵武灵王是历史上少有的被饿死的皇帝。 (　　)
6. 朱元璋使得百姓在冬季穿上了温暖的棉衣。 (　　)
7. 商代时人们穿的鞋多是鹿皮做的。 (　　)

学前思考：

写一写你心目中的中国古代服饰是什么样的？

____

____

____

____

任务 2　文化解读

由于纺织品的易腐蚀性，我们现在能看到的最早的中国古代织物为春秋战国时期的。国内外学界对于服饰的起源有很多种不同的说法，有人认为服饰是用来遮羞的，有人认为人类出于保护自己身体器官的目的而穿衣服，有人认为服饰是起装饰作用的。其中最主要的一种说法是，对于人类来说服饰最初是一种装饰性的存在，那个时候服饰主要是先饰后服，人类为了表现和装饰自己而穿“服”。另一种说法是服饰最初是一种人类保护自己的工具，当人类学会手脚分工并直立行走，以及用火烧烤食物和取暖后，体毛逐渐退化，而衣服就起到抵御寒冷和保护身体的作用。

一、远古时期

在北京市周口店龙骨山北京人遗址顶部的山顶洞发现了兽牙、石珠的串饰和骨针，可见山顶洞人已经能将兽皮软化，以石片裁割，再用动物的肠衣或韧带纤维做“线”，从而缝制兽皮。在山顶洞发现的 7 件小石珠、125 枚穿孔兽牙的串饰上有长期佩戴的磨痕，这也许是千百年后人们佩戴华丽璎珞的最初样子。

二、商周时期

中国传统发饰（微课）　　冕服（微课）

原始氏族社会后的第一个王朝是夏朝。相传夏禹收九州之地的青铜铸成九鼎，以鼎为传国重器，中国由此时进入了青铜时代。夏代之后的商代到西周，则是奴隶社会的发展时期，也是区分等级的上衣下裳形制和冠服制度逐步确立的时期。周代是礼乐制度完善的朝代，服饰也被纳入礼的范畴。王朝设立司服一职，专管君王在不同场合的穿着和官员穿着的形制，形成了一套条文繁杂、等级严明的服饰制度。

祭祀在当时是从国家到家族最重要的活动，祭祀时穿着的服饰十分庄重，体现了当时的哲学意识和社会力量。当时的统治者在祭祀过程中穿着的服饰分别称为冕冠和冕服。冕服由上衣下裳组成，上衣为青黑色，代表天；下裳是赤色，代表地；脚上穿的鞋是红色的；腰间系上宽大的腰带；上衣和下裳分别绣着六种纹样，加在一起称为十二章纹，也叫十二章服。

《尚书·益稷》记载了十二章服："日、月、星辰、山、龙、华虫，作会；宗彝、藻、火、粉米、黼、黻，絺绣，以五彩彰施于五色，作服，汝明。"这些纹样图案代表不同的寓意：日月星辰代表稳重，龙代表应变，华虫代表文采，宗彝代表忠孝，藻代表纯净，火代表光明，粉米代表滋养，黼代表意决断，黻代表去恶存善。十二章纹为最高等级的服饰，以下还有九章、七章、五章、三章不同等级，至此，十二章纹成为历代帝王的服章制度，一直沿用到袁世凯称帝。

纹样（图片）

冕冠是在一个圆筒式的帽卷上覆盖一块前圆后方的木板，上面涂青黑色，下面涂黄赤色，象征天圆地方和天地玄黄。冕是尊贵的礼冠，天子、诸侯、大夫祭祀时都戴冕，成语"冠冕堂皇"就是这么来的。用朱、白、苍、黄、玄五种颜色的彩玉串连组成冕板的旒。用丝棉做成的球式垂挂在耳边叫作充耳，提醒君王不能听信谗言。冕冠戴在头上要前低后高，表示君王对百姓的关怀。这种形制蕴含了上天之子和君权神授的意义。

冕服（图片）

三、春秋战国时期

春秋战国是一个思想百家争鸣的时代，这股自由之风也引起了服饰的百花齐放。商周时规定除了天子和大贵族，其他人是不能享用精细的麻织物和丝帛等高级服装用料的。而齐鲁等地的一些大商人因桑蚕养殖和丝绸织造发达，也跟这些身份高贵的贵族一样"食必粱肉，衣必纹绣"。

商周以来的传统服装，有叫襦的丝绵短袍。它是由两条裤管组成的一个没有裆的套裤。在襦上再穿上衣下裳，穿起来费时费力，活动也很不方便，尤其不适应那个多战的时代。在公元前 302 年，赵国的赵武灵王为训练骑兵，废弃了传统的上衣下裳，学习胡人的紧身衣裤，这样更方便于作战需要，这就是成语"胡服骑射"的出处。

春秋战国时期的衣着有两种值得注意的形式，一种是深衣，另一种是胡服。深衣指的是一种宽大的衣服，能将身体深藏其中。从江陵马山楚墓出土的实物可以看出来，深衣把以前各自独立的上衣和下裳连在了一起，但在腰间有一条明显的界线，这种衣服形式男女通用。胡服是指当时胡人的服饰，特征是"衣长仅齐膝，腰束郭洛带，用带构，穿靴，便于齐射活动"。这种衣服的样式跟当时中原的劳动者的短衣非常相似。

从纺织原料来看，此时期服饰用料以丝麻为主。织绣工艺的巨大进步使得当时的服饰材料品种繁多。在这些主要织物的生产地中，又以齐鲁大地的冰纨、文绣等最为风行，比普通的绢帛价格高出 20 多倍。以齐鲁之风而辐射到其他地方的流行风不仅促进了纺织制品的生产进步，而且促进了饰品工艺的传播，更促使了那些精美的装饰品脱颖而出。在春秋战国时期，华服很重要，“足饰珠玑，衣裘冠履”也同样被重视。

商代以来，制玉的工艺不断发展。到了西周时期，由于“礼制玉”的确定，玉器的佩戴也是一件尊卑有序的事情。玉被赋予了一定的人格象征，故“君子无故，玉不去身”。受这种思想的影响，在当时的上层社会，不论男女都佩戴几件或成组排列的美玉。

四、秦汉时期

公元前221年，中国历史上第一个统一的封建帝国秦朝建立了。1974年，当人们在秦始皇陵墓周围发现了这些埋在地下的2 000多年前的兵马俑，其手持的各种兵器都是实用的金属武器，服装发饰也细致逼真。这些兵马俑是记录秦帝国服饰最重要的形象资料，从发现的8 000多个兵马俑和女坐俑等文物中可以看出秦代服制的基本样貌。

人俑的等级不同，其着装也不同。比如，高级将领穿双层长襦，下着长裤，脚蹬方口齐头翘尖履，头戴深紫色的鹖冠，颌下有八字结，衣服外面披着彩色的鳞甲；下级军官穿长襦，披铠甲，戴单板长冠。骑兵、步兵和车兵的装束也不一样，骑兵穿的是胡服，短齐膝，头戴一种圆形小帽，称为“弁”。步兵分重装步兵和轻装步兵，重装步兵着长衣铠甲，打绑腿，有的在头顶绾偏右的圆形发髻，有的在脑后扎板状扁形发髻；轻装步兵不披铠甲，但其在手持战车上的驭手的装束也有自己的职业特征，都披着铠甲，有的甲衣还有护脖子的装束，并配有护臂甲和护手甲。

兵马俑发髻 I（图片）

从兵马俑的装束上可看出秦时的衣装形制与战国时的无大差别，保持了深衣的样子。“男女服都是交领、右衽、衣袖窄小，衣缘及腰带多为彩织装饰，花纹精致。兵士衣长齐膝，左右两襟为对称直裾式，皆可掩至背侧，两襟下角如燕尾”。

兵马俑发髻 II（图片）

秦汉时期的织物多以锦绣为主，其图案有山云鸟兽、蔓藤植物花样，也有复杂的几何菱形和“延年益寿”等通幅花纹。长沙马王堆汉墓出土的实物中丝织品多达几十种，其中乘云绣和长寿绣都显示了当时高超的纺织工艺。

我国最完整的官服制度形成于汉代，在这种制度里，最重要的就是冠，从冠的佩戴能判断官职和等级地位。在汉代以前冠是直接戴在头发上，也叫束发。在汉代，人们先用巾绑好头发再将冠戴在巾固定好的头上，这样一来更加美观了，并衍生出了十六种不同样式的冠。如冕冠、长冠、委貌冠，这三种是皇帝、公侯

兵马俑发髻 III（图片）

和卿大夫祭祀时戴的；通天冠、高山冠是上朝觐见时戴的；儒生带进贤冠；乐舞之人带方山冠、术士冠。

五、魏晋南北朝时期

大汉王朝的辉煌随着皇权的分离而散去，中国内部分崩离析，出现了三国鼎立，两晋争权。周边游牧民族也乘虚而入，在中原地区先后建立了十多个小政权，形成南北朝对峙局势。这个时期由于政权更迭频繁、民族交流等，服饰也得到了发展。在魏晋时期的服饰属于等级服饰的变革，南北朝时期属于民族服饰大融合的时期。

汉魏之际，常年的战争使得社会财力不如从前，两汉冠服制度已经很难维持，彼时的冠帽已被幅巾代替，“羽扇纶巾”就是这个时代诸葛亮的写照。到了魏初，魏文帝曹丕制定九品官位制度，以“紫绯绿三色为九品之别”的这一制度也一直发展并沿用到明代。

由魏而晋，“褒衣博带”成为当时的风尚，这种风尚其实是佛教作为外来宗教传入中国本土的文化符号，“曹衣出水”的佛像则是中国服饰文化。道教也在这一时期上线，道的精神境界成为文人服饰的显著特点。魏晋时期有七位文人以崇尚虚无而享有盛名，史称“竹林七贤”。从竹林七贤的画像可以看出，当时的先贤身着宽衫大袖，散发袒胸，赤脚，被看作对礼教束缚的突破。他们有的包丫角巾，有的包巾子。丫角一般是婢女或未成年少女的发饰，巾子也是地位低下或贫贱的人才用的装饰。这些描绘反映了当时七贤放浪形骸、恣意人生的态度。

由魏晋转至南北朝，北方的少数民族入主中原，各民族不仅在政治、经济上互相学习，在服饰上也互相影响。传统的深衣和袍服已经不再适合社会的发展，实用功能比汉服优越的胡服在向汉族劳动阶层转移的同时，也把这种短衣打扮的“褶裤”推向主流。

裲裆俑发髻（图片）

秦汉时期的人们也穿裤子和短袄，合称襦裤，但贵族们外出时必须外加袍和裳，只有骑士和从事活动的人才能直接把裤子露在外面。这一习俗在魏晋南北朝时期改变了，北方游牧民族的褶裤成为当时的流行时装。褶指的是短身大袖的袍子，裤又分为大口和小口。当时的男女都穿广袖褶衣大口裤，脚蹬有靿的靴子，走起路来就有了褒衣博带的感觉。其中还有一个重要的变化是“裲裆”的出现，类似我们现在的马甲。它原是北方少数民族的铠甲，前一片当胸，后一片当背。入主中原后，裲裆成了劳动人民穿的衣服，前后两片

泥塑裲裆俑（图片）

衣襟，没有袖子，两片衣襟可以相互系紧，体现了很强的实用性。

从《洛神赋图》中当时女子的发饰可以看出，当时好追求危、斜、偏、侧的妖媚之美。有的直接在头顶梳十字形的发髻，称为十字髻；有的梳凌空摇曳形状的发髻，被称为灵蛇髻或飞天髻。

六、隋唐五代时期

公元618年到907年是处于中国封建社会鼎盛期的唐代，统治中国长达290年的唐王朝物质丰富，对外交往广泛。国力强盛带来的大唐文化在吸取外来文化的养分中，登上了那时人类文化的巅峰。

收藏在北京故宫博物院的唐代名画《步辇图》反映的是唐朝第二位皇帝唐太宗接见吐蕃使者的情景。画中吐蕃使者穿的是小袖花锦袍，史书记载，当时成都、扬州、广陵的织锦工人每年都要织造200多件锦袍，用来送给各国使臣。从画面上可以看出，当时宫女的服饰与隋朝大致相同，身着小袖衣、高腰长裙，肩上披着薄纱的长巾。这种长巾也称披帛。披帛是一种长围巾，多以丝绸制成，上面印画纹样，一般披在女子的肩背上。披帛会随女子行动而飘舞，非常优美。相传披帛是随着佛像传到中国的，魏晋南北朝和隋朝的女子已着披帛，但盛行于唐朝，尤其是唐朝的中晚期。

唐朝男子的主要服装样式是圆领衫和圆领袍，即襕衫，沿袭了传统深衣的样式，直裾，前后身直裁。但它和传统深衣不同的是左右开衩，前后身下缘有可拆卸的横襕，故称襕衫。这种样式的服装显然是吸取了胡服的优点，既能保持儒雅的礼态，又不失行动便利的功能。着襕衫时腰部要用革带束紧，脚上配黑色长靴。在唐代，各阶层的人都穿襕衫。

幞头之制开始于北齐，隋唐之初逐步定型。唐代的幞头是用一块布捆住发髻两角，在脑后打结，自然下垂如袋状，另外两角回到头顶，打成结子以作装饰。这种装饰有两个优点：一方面很舒适；另一方面个人可以根据自己的喜好包出不同样式，极具个性。因此当时的人们都流行戴幞头，直到明代都有新样式的幞头出现。

顾闳中《韩熙载夜宴图》（图片）

帷帽，起源于西域所带的幂篱，多是女子的造型选择，唐朝时演变成在帽檐悬挂一圈网子，称为帷帽。这种帽子最初是从头垂到脚的，西域女子用它来遮挡风沙和遮盖面容。这种帽子传到中原后，由于盖住全身，行动不便，所以改成了在帽檐加一层薄纱或珠帘，戴着帷帽的女子面容若隐若现，显得高贵又神秘。帷帽后来演变成盖头，后来专用于婚礼。

周昉《簪花仕女图》（图片）

大袖衫是盛唐时期的女装，一般用薄纱制成。因为它的衣袖往往宽于一点三米，所以这种衣服被称作大袖衫。与魏晋时期流行的清风道骨的清秀不同，盛唐时期的女性以健壮丰硕为美。盛唐时期的女装整体风格明朗开放，雍容华贵。丝绸制作的大袖衫轻盈飘逸，隐约可见女子丰润的肌肤，长裙束至胸部，彰显女性的魅力以及那个时代开放包容的气息。搭在肩背上的披帛配着大袖衫更是展现女子千娇百媚的风情。

双环望仙髻（图片）　三角髻（图片）　双垂髻（图片）　回鹘髻（图片）

唐代女子的发髻名目众多，主要特点是崇尚高大，流行使用假发或假髻来梳妆，式样繁多，有双环望仙髻、三角髻、双垂髻、乌蛮髻和回鹘髻等。

唐朝的女子不仅梳回鹘髻，还流行跳回鹘舞。回鹘舞与传统的汉族舞蹈有很大区别，汉族舞蹈一般柔软舒展，余韵悠长，舞服大多为长袖长靴，宽松飘逸，被称为软舞或文舞；回鹘舞是一种动感很强的舞，旋转飞腾，威武激昂，被称为健舞或文舞，舞服要求紧瘦合体，便于运动。

唐代女子的面妆更是缤纷多彩，受回鹘等少数民族以及波斯等文化的影响，当时的女子除了在脸上敷铅粉、抹胭脂、画眉毛、点口红、描酒窝外，还要在眉间涂鹅黄，在脸颊上加月牙儿装点，贴花钿则更复杂。花钿，一般由金片做成花朵的装饰贴在眉间，相传是一名宫女躺在草地上休息，落花掉在她的脸上，其他宫女看见了觉得非常漂亮而流行起来。在当时，女性也常用黛眉、月牙眉等描眉方法来点缀脸庞，《虢国夫人游春图》中女性的妆容多种多样。“却嫌脂粉污颜色，淡扫蛾眉朝至尊”是当时形容虢国夫人的名句，图中女子身穿便衣，面无妆饰，却显得清雅靓丽。

张萱《捣练图》（图片）

在中国十大名画之一的《捣练图》中，女子多长眉秀目，高髻云鬟，插三至五把小梳子作为装饰，显得俏丽妩媚。《簪花仕女图》中的女子浓晕蛾翅眉，高耸的发髻上插着金步摇，轻薄的纱质外衣透出内衣上的团花，披帛用泥金彩绘纹饰，显得雍容华贵。

七、宋辽夏金元时期

公元960年到1279年是中国历史上的宋代，宋分为北宋和南宋两个时期，在文化方面推崇程朱理学，在服饰上注重简约大方但不失华贵，被称为“低调的奢华”。宋初统一南方的过程中，从长江流域的后蜀、南唐、吴越得到锦绣彩帛几百万匹。为示威天下，赵匡胤把两万多人的仪仗队用织绣印染的各种丝绸装扮起来，名作“绣衣卤簿”。卤是指大盾，甲和盾的先后部伍次序都写在簿籍上叫卤簿。为了宣扬对天下的拥有，帝王出行时的仪仗队都身穿绣衣的场面被绘成图卷。元代的《大驾卤簿图》绘有4 800多人，真实地记录了车乘、旗仗、乐器和兵械等内容，为研究宋代官服制度留下了重要资料。

元代《大驾卤簿图》（图片）

宋代的官服面料以罗为主。罗是采用条形绞经罗组织的丝织物，有横罗和直罗之分。中国织罗的历史久远，从出土文物来看，发现了商代罗的残片，有秦汉时期精美的花罗，唐代官营织造有专门的“罗作”，宋代为织造的巅峰时期。除了罗，宋代的高级丝织物还有紧丝、透背等，丝织物的花纹也突破了唐代的对称图形，河北定州织造的通经断纬的缂丝工艺更是能随心所欲地织造花鸟禽兽。缂丝工艺无比繁复，所以在当时也有一寸缂丝一寸金的说法。

宋朝的政府因沿袭五代时期的旧制，每年照例要赠送锦缎袍料给亲贵大臣，分七等不同花色。官服服色沿袭唐朝制度，三品以上穿紫色官服，五品以上穿朱色官服，七品以上穿绿色官服，九品以上穿青色官服。官服服式与晚唐的大袖长袍相似，但冠帽等已是平翅乌纱帽，名直脚幞头，上至帝王下至平民都可以戴，区别是地位越高直脚幞脚越长。有一种说法：为了避免百官上朝时窃窃私语，所以把幞头的两脚设计成平直地向外伸展的样子。宋代官服又沿袭唐代章服的佩鱼制度，有资格穿紫、绯色公服的官员都须在腰间佩挂“鱼袋”，袋内装有金、银、铜制成的鱼，以区别官品。“方心曲领”也是朝服的特征，即朝服项间套一上圆下方的饰物。

在山西省太原市西南五十千米的晋祠是宋代为祭祀古人修建的，里面四十多尊彩塑侍女像反映了宋代女子的典型服饰。宋代女子的裙子不像唐代女子那样束在胸部，而是上襦下裙的样式。宋代女裙的纹饰和色彩非常讲究，有彩绘的，有染撷的，有用销金刺绣的，也有缀珍珠的。

花冠（图片）

花冠是宋代女子流行的冠饰，与唐代相比，花冠的形状更加高大，装饰也更加丰富，有用金银装饰的，也有用鲜花装饰的，由于冠的形状与盛开的鲜花相似，花冠由此得名。当时社会种花养花风气盛行，不仅妇女发髻上应时令插戴鲜花，就连男子也在冠帽上簪花。人们不仅用鲜花装饰冠帽，讲究的还加金、玉、玳瑁和珍珠等奇珍异宝。

三寸金莲这种畸形的审美也是在宋代开始流行的，众多女子为了这种畸形的审美，牺牲了正常行走的双脚。这也是中国古代的男性为了能更好控制女性的一种反映，女人自小缠足，无法正常走路，更别说离开男人、离开家去大展宏图了。

辽、西夏和金分别是中国古代契丹族、党项族和女真族建立的政权，他们在长期与汉民族进行的文化交流中汲取汉民族的文化，同时也将自己的优良传统发扬光大。公元1038年，西夏政权建立，甘肃榆林窟的壁画中记录着当时党项人的着装。党项妇女穿着翻领的胡服，领间的刺绣十分精美。

契丹族男子有将头顶部的头发剃掉的习惯，并将剩下的头发散在耳边。在当时受汉族服饰的影响，契丹贵族很喜欢裹巾子，为了换取戴巾子的资格，贵族们必须向政府缴纳大量的财富。契丹族和女真族一般穿窄袖圆领齐膝外衣，脚上穿长筒靴，这样的装束有利于马上作战和射猎。辽、金政权考虑到与汉族共存的现实，对汉族官员采用唐宋官服旧制。辽代以丝绸官服上山水鸟兽刺绣纹样区分官品，影响到明清官服的等级标识。金代则以官服上花朵纹样大小定尊卑，品级最低的用无纹或小菱纹的芝麻罗，“芝麻官”就是这么来的。

元代（1271—1368年）的历史不足百年，其间，于延祐元年（1314年）参酌古今蒙汉服制，对上下官民服色等做了统一规定。汉官服式仍多为唐式圆领衣和幞头。蒙古族官员则穿合领衣，戴四方瓦楞帽；中下层为便于马上驰骋，时兴腰间多褶的辫线袄子（圆领紧袖袍，宽下摆，有折褶，有辫线围腰）、戴笠子帽。

八、明清时期

公元1368年，朱元璋举兵推翻元朝的统治，建立了明朝。明朝统治者在意识形态的统治中大力推行汉族文化的传统，服饰制度承袭周汉唐宋，明代社会经济快速发展，江南蚕桑生产和丝绸织绣技艺空前提高，也为服饰精细加工准备了条件。明代服饰仪态端庄，气宇不凡。

20世纪50年代，我国考古工作人员探索明代帝陵时发现，明代的冕服与周代基本一致，冕冠前后有十二旒，玄衣、黄裳绣着十二章纹。明代规定，在新年来临之日、皇帝生辰和祭祀大典时，皇帝必须穿冕服，而平时上朝穿盘领窄袖黄袍，袍的前后及两肩各绣金龙，分四团龙袍、八团龙袍和十二团龙袍。据记载，当时在江南有专门织龙袍的织户，织造工艺非常繁复。今天，南京的云锦研究所还保留着这种织造工艺和古老的织机。现代工匠利用织机一天只能织出6~7厘米的织物，织一件龙袍需要270多天。

上层社会的官服是权力的象征，历来受到统治阶级的重视。自唐宋以来，黄色是王室专用色。明朝时因皇帝姓朱，所以朱为正色。百官的朝服自南北朝以来以紫色为尊贵，但到了明代，因《论语》有“恶紫之夺朱也”的说法，紫色的官服被废除；黄、紫之外，玄色也在禁例。官袍样式近似唐代圆领服且尺寸宽大，盘领右衽，两侧各多出一块，称“摆”；衣料多用纻丝或纱、罗、绢，但颜色、花纹有别。明初规定“一品至四品，绯袍；五品至七品，青袍；八品、九品，绿袍，未入流杂职官与八品以下同。公服花样：一品，大独科花，径五寸；二品，小独科花，径三寸；三品，散答花，无枝叶，径二寸；四品、五品，小杂花纹，径一寸五分；六品、七品，小杂花，径一寸；八品以下无纹”。

“补子”是表示官阶品级的一块30~40厘米见方的绸料，织绣上不同纹样再缝到官服上。文官的补子纹样用禽鸟，武官用走兽，各分为九等。例如，文官自一品以下，依次用仙鹤、锦鸡、孔雀、云雁、白鹇、鹭鸶、鸂鶒、黄鹂、鹌鹑，杂职用练鹊；武官一品、二品用狮子，三品、四品用虎豹，五品用熊罴，六品、七品用彪，八品用犀牛，九品用海马。

明代普通百姓的服装如衫或裙基本上沿袭了旧的传统，也出现了在青年妇女中流行的马甲式样的衍生物。在服饰的颜色方面，平民只能用紫、绿、桃红等颜色，不能使用大红、黄色等。这个时期因政府大力推广棉花的种植，使得当时人们的衣着的面料有所改善。朱元璋出身贫民，对平民百姓的生活状态非常了解，丝织品太贵，麻织品不舒适，长江流域的棉花种植逐渐普及，让他最终下定决心在全国范围内推广。最终，在他的努力下，“棉布寸土皆有”“织机十室必有”。朱元璋在位时亲自制定了两种帽子的样式，一种是方桶形状的黑漆纱方帽，叫作四方平定巾；另一种是半球形小帽，由六片黑色绒，缀合成，叫作六合一统帽，也就是现在的瓜皮帽。

明代帽子（图片）

清朝是中国历史上最后一个封建王朝，也是由满族人统治的朝代，满族人是被蒙古人打败的女真族后裔，他们的服饰一直保留着女真族的独特习惯。男子将头顶前部的头发剃光，剩下的在后面梳成一条大辫子，他们擅长制裘皮，平日里的服装以皮毛制成的长袍马褂为主，在南下入关的长期征战中满族紧身、简洁、便于骑射的服饰的确发挥了优越性。因此清朝统治者不仅把本民族的服饰看成祖先的传统，也看成能屡战不败的重要因素。他们对继承和发展本民族服饰极为重视。入关后，他们虽难以抵挡汉族服饰文化的深刻影响，但除了吸取汉族服饰的纹样特征外，始终恪守满族服饰的形制。清朝服饰，在中国历代服饰中最为庞杂和繁冗，也影响了中国近现代的服饰。

清朝皇帝的龙袍是带马蹄袖的四开裾长袍，马蹄袖和四开裾都是马上民族服饰的特征。马蹄袖又称箭袖，是满族武士射箭时保护手腕的防护物，一般用纽扣装在箭衣的袖口上。平时翻起来，露出手，行礼时要放下来。满人的袍子上身紧窄，袖子由肩部向腕部逐渐收缩，袖口细瘦。领子为圆形，不立立领。袍子的下身前后左右都开衩，这是为了上马方便。

明黄色和金龙秀纹，以及龙袍上的十二章纹装饰是汉族帝王服饰的传统。与汉朝帝王的龙袍相比，清朝皇帝龙袍上的纹饰更加繁复华丽，十二章纹间绣有五色云福纹，下幅装饰八宝立水，领子的前后左右、交襟及马蹄袖的袖端都装饰有一条正面的龙。随着季节变化，龙袍要换纱、棉和裘等不同面料。

在前胸及后背加补子是明朝创立的官服制度，清朝统治者完全沿袭下来。清代的补子分两类，一类是圆形的，供皇亲国戚使用，纹样有五爪金龙和四爪蟒；另一类是方形的，供官员使用。

与顶戴、花翎和补服一样，满族女子的礼服也标志着身份与地位。在清代，皇后、嫔妃、宫女和官宦命妇在正式场合都要穿着旗装，女子的旗装也是以长袍为主体，圆领，右襟，不开衩。旗装一般用高档绸缎制作，后妃的旗装上绣团龙或团蟒，其他人的绣花卉、虫鸟和吉祥图案。贵妇人着旗装时还要加一条丝绸长巾，用以围住脖子，一端垂在胸前。与旗装配套的发饰和木底鞋也是满族独有的。她们把长发从脑后向上翻折，在头顶形成横髻，俗称“两把头”，如果在上面插黑色的梯形扁方，并装饰金银簪、大朵鲜花和流苏，又称作“大拉翅”。

圆形补子（图片）　　花形补子（图片）　　清代女性服饰（图片）

学后心得：

任务 3　文化实践任务单

<table>
<tr><td>执行任务人</td><td colspan="3"></td><td>班级</td><td></td></tr>
<tr><td>任务名称</td><td colspan="5">制作并介绍非物质文化遗产——缂丝工艺作品</td></tr>
<tr><td>任务背景</td><td colspan="5">缂丝工艺是一种古老的手工艺术，是一种通经断纬的特殊手工织物。它的难点在于几乎无规矩可循，这种技法的掌控完全依赖缂织者本人的艺术修养和控丝合色的能力</td></tr>
<tr><td>任务实施步骤</td><td colspan="5">（1）观看《国家宝藏》节目中南宋朱克柔的《莲塘乳鸭图》
（2）了解缂丝的技艺“一寸缂丝一寸金”
（3）以 PPT 或 H5 的形式宣传介绍缂丝工艺</td></tr>
<tr><td>任务成果展示</td><td colspan="5"></td></tr>
<tr><td rowspan="6">任务综合评估</td><td rowspan="4">教师评分</td><td>评价标准</td><td>分值</td><td>得分</td><td>备注</td></tr>
<tr><td>观看节目并写心得体会</td><td>40</td><td></td><td></td></tr>
<tr><td>PPT 或 H5 完整、详细，结构严谨</td><td>30</td><td></td><td></td></tr>
<tr><td>表达正确，思路清晰，重点突出</td><td>30</td><td></td><td></td></tr>
<tr><td>学生互评评语</td><td></td><td></td><td></td><td></td></tr>
<tr><td>自我修正及感悟</td><td></td><td></td><td></td><td></td></tr>
</table>

学生任务完成情况记录：

项目七

中国传统节日

◇ 项目导读：

中国传统节日，是中华民族悠久历史文化的重要组成部分，是中华民族弥足珍贵的历史文化遗产。传统节日的形成，是一个民族或国家的历史文化长期积淀凝聚的过程。从远古先民时期发展而来的中国传统节日，蕴含着深邃丰厚的文化内涵。它包含着中华民族的精神和灵魂，包含着我们的祖先对宇宙和人生的透彻认识，也包含着中华民族的悠久文明和伦理、道德。它是中国历史中一篇华丽的乐章，同时寄托着整个民族对未来的憧憬和希望。所以，认识、接受、传承中国传统节日文化是增强民族凝聚力，提国家的软实力，传承优秀传统美德的重要途径，更是我们每一个中国人的责任和使命。

◇ 学习目标：

（1）了解并能简述中国传统节日及其由来。

（2）熟知中国传统节日习俗。

（3）掌握中国传统节日的文化内涵。

◇ 理论要求：

具备阐述中国传统节日习俗和文化内涵的能力。

◇ 技能要求：

学会如何在现代社会继承和发扬中国传统节日文化。

◇ 素质要求：

增强对中国传统节日文化的认同感，树立保护和传承中国传统节日文化的使命感。

任务 1　课前自测

◆ 下列判断中，请在你认为正确的后面打“√”

1. 北方的元宵和南方的汤圆是同一种东西。（　）
2. 从成语“列鼎而食”可以看出，鼎在古代是用来做饭的。（　）
3. 现代婚礼中喝交杯酒的仪式源于西式婚礼。（　）
4. 茶叶的最古老的故乡在我国的湖南省。（　）
5. 贴门神秦琼和尉迟恭是从唐朝开始在民间流行起来的。（　）
6. 哪吒是佛教护法神之一。（　）
7. 端午节是为纪念屈原而设立的。（　）
8. 世界上首先发现和利用食醋的化学作用的是中国道教中的炼丹道士。（　）
9. 在唐朝，因中原聚集了许多外来民族，受其着装风格的影响，女着男装一度风靡。（　）
10. 成语“衣冠禽兽”本是褒义词。（　）

学前思考：

写一写你心目中的中国传统节日是什么样的？

____

____

____

____

任务 2 文化解读

一、中国主要传统节日及习俗

重大节日（微课）

（一）春节

春节是农历的正月初一，是中国农历年的开始，民间俗称“过年”。春节是中华民族最盛大、最热闹、最重要的古老传统节日，也是象征团圆、兴旺，对未来寄托新的希望的佳节。据记载，中华民族过春节已有四千多年的历史，它起源于殷商时期年头岁尾的祭神、祭祖活动。历史上称春节为“元日”“新年”“正旦”“岁首”等。

据考证，将农历正月初一定为“春节”是在辛亥革命以后，1911 年 10 月武昌起义，革命党人的湖北军政府于同年 12 月 31 日发布的《内务部关于“中华民国”改用阳历的通谕》中，明确将（农历的）年节称为“春节”。1949 年 9 月 27 日，在中国人民政治协商会议第一届全体会议上，通过了使用世界上通用的公历纪元提案，把公历的元月一日定为元旦，俗称阳历年；农历正月初一通常在立春前后，因而把农历正月初一定为“春节”，俗称阴历年。春节经历过几千年的传承发展已形成了一些较为固定的习俗，有许多习俗相传至今，如扫尘、贴对联、贴门神、拜年、拜神祭祖、求福禳灾、逛庙会、发压岁钱、包饺子、打年糕等。

窗花（图片）

年前要“忙年”，忙年主要以扫尘迎新为活动主题，扫尘是年前除旧布新习俗之一。南北方的叫法不同，南方称为“掸尘”，北方叫“扫房”。民谚称“腊月二十四，掸尘扫房子”，民间百姓在腊月二十三或二十四便开始做迎接过年的准备。家家户户都要打扫房屋，清洗各种器具，拆洗被褥窗帘，洒扫六闾庭院，掸拂尘垢蛛网，疏浚明渠暗沟，到处洋溢着欢欢喜喜搞卫生、干干净净迎新春的欢乐气氛。按民间的说法：因“尘”与“陈”谐音，新春扫尘有“除陈布新”的含义。扫尘的用意是要把一切“穷运”“晦气”统统扫出门，以祈来年清吉。这一习俗寄托着人们辟邪除灾、辞旧迎新、迎祥纳福的祈求与愿望。

贴年红，是贴门神、春联、年画、窗花等习俗的统称，因为张贴的事物富含红色喜庆元素，所以统称为贴年红。贴年红是中华传统过年习俗，它反映了人民大众的风俗和喜好，也增添了节日的喜庆气氛，并寄予着人们对新年新生活的美好期盼。

门神是春节前夕人们贴于门上的一种画类。作为道教和民间共同信仰的守卫门户的神灵，中国各地过年都有贴或请门神的风俗。因为中国人认为桃有避邪的作用，所以最初的门神是刻桃木为人形，挂在人的旁边，用于“避邪”，称为“桃符”。到唐朝时期，传说唐太宗为躲避泾河龙王的冤魂，让秦琼、尉迟恭二位将军守门，后因过意不去，改为把二位将军的画像贴在门上，结果照样平安无事。于是，张贴人像门神也自此开始在民间兴起，秦琼、尉迟恭也便成了门神。传统门神形象主要有传说中专门管鬼的神荼、郁垒二兄弟，道教文化中的俗神钟馗，唐朝名将秦琼、尉迟恭，以及三国名将关羽、张飞。门神像通常是左右户各贴一张，永远都是怒目圆睁的形象，手里拿着各种传统的武器，随时准备同上门来的鬼魅战斗，守护着一家的福寿康宁。

门神（图片）

春联俗称对联、对子、春帖，雅称楹联。它的一个源头是刻人形、挂在门神旁辟邪的桃符，后简化为在桃木板上题写门神名字。桃木的颜色是红色的，红色有吉祥、辟邪之意。到宋代，人们用纸张替代桃木板，称为“春联”，即改写在红色纸上。但纸的颜色会根据用途有所不同，如庙宇用黄纸，守孝用白、绿、黄三色，除旧迎新之际用红色。春联的另一个源头是春帖。古人在立春日多贴“宜春”二字，后渐发展为春联。它以公正、对偶、简洁、精巧的文字描绘时代背景，抒发美好愿望，是中国特有的民间文学形式，如脍炙人口的“爆竹声中一岁除，春风送暖入屠苏，千门万户曈曈日，总把新桃换旧符”。传说春联的普及与朱元璋的提倡有关。史书记载，明太祖朱元璋酷爱春联，不仅自己挥毫书写，还常常鼓励大臣书写。有一年除夕，他下令每家门上都要贴一副春联，以示庆贺。有一次，朱元璋微服出行，看见春联时感到十分高兴。当他行至一户人家，见门上没贴春联，便很生气，命随从去问缘故，才知这家主人是个屠夫，不识字，所以写不了春联。朱元璋知道后，亲自提笔写下了“双手劈开生死路，一道隔断是非根”的春联并送给了这户人家。从这个故事可以看出，也许正是因为朱元璋的大力提倡，才推动了春联的普遍盛行。今日，贴春联的习俗一直延续着，每当农历年前夕，家家户户都纷纷上街买春联，有雅兴者更是铺纸泼墨挥毫写春联，将宅院里里外外的门户装点一新，用以寄托人们辟邪、除灾、迎新纳福的美好愿望。

桃符（图片）

拜年是中国春节的传统习俗之一，是人们辞旧迎新、相互表达美好祝愿的一种方式。关于拜年习俗的起源与传说中的“年”兽相关。传说在远古时代有一种被人们称为“年”的怪兽，每逢腊月三十晚上，它便窜出山林，掠食人们。人们只好备些肉食放在门口，然后把大门关上，躲在家里，直到初一早晨，年兽饱餐后扬长而去，人们才开门相见，作揖道喜，互相祝贺未被年兽吃掉。

我国不同地区拜年的时间各有差异，一般为正月初一到初五，家长带领小辈出门拜见亲戚、朋友、尊长，以吉祥语向对方祝颂新年。古时“拜年”一词原有的含义是向长者拜贺新年，包括向长者叩头施礼、祝贺新年如意、问候生活安好等内容。遇有同辈亲友，也要施礼道贺，主人家则以点心、糖果、压岁钱热情款待。随着时代的发展，拜年的习俗亦不断增添新的内容和形式。除了沿袭以往的拜年方式外，后来又兴起了礼仪电报拜年、电话拜年、短信拜年等。

（二）元宵节

根据道教“三元”的说法，元宵节又称“上元节”，时间为每年农历的正月十五。正月是农历的元月，古人称“夜”为“宵”，所以称正月十五为“元宵节”。

元宵节的形成有一个较长的过程，根源于民间开灯祈福古俗。据一般的资料与民俗传说，正月十五在西汉已经受到重视，汉文帝下令将正月十五定为元宵节。不过正月十五元宵节真正作为全国民俗节日是在汉魏之后。元宵节习俗自古以来就以热烈喜庆的观灯习俗为主，正月十五燃灯习俗的兴起也与佛教东传有关，唐朝时佛教大兴，仕官百姓普遍在正月十五这一天“燃灯供佛”，佛家灯火于是遍布民间，从唐代起，元宵张灯即成为法定之事。唐初时受道教的影响，人们称该节日为上元，唐末才偶称元宵。当然随着社会和时代的变迁，元宵节的风俗习惯早已有了较大的变化，但至今仍是中国民间传统节日。

元宵（图片）

元宵节是一年中第一个月圆之夜，也是一元复始，大地回春的夜晚，人们对此加以庆祝，也是庆贺新春的延续。这一天晚上，中国人素有赏花灯、吃元宵、猜灯谜、耍狮子、放烟花等一系列传统民俗活动。

（三）清明节

在我国的二十四个节气中，既是节气又是节日的只有清明。清明节是我国二十四节气之一，又称踏青节、行清节、祭祖节等，每年公历四月五日前后为清明节。清明节历史悠久，大约始于汉代，已有两千多年的历史，源自上古时代的祖先信仰与春祭礼俗，在中国历史上，寒食禁火，祭奠先人，早已蔚为习俗。唐朝之后，寒食节逐渐式微，于是清明节扫墓祭祖成了此后持续不断的节日习俗。清明节兼具自然与人文两大内涵，既是自然节气，也是传统节日。

清明节在历史发展中承载了丰富的文化内涵，因地域文化不同，各地节日活动不尽相同，但都是以扫墓祭祖与踏青郊游作为节日的两大主题。按照旧的习俗，每逢清明时节，人们无论身处何方，都会回乡参加祭祖活动，缅怀祖先。清明节也是人们踏青的好时候，所以古人有清明踏青及开展一系列体育活动的习俗。清明文化充分体现了中华民族礼敬祖先、慎终追远的人文精神。在清明时节，人们在祖先祭祀仪式中慎终追远，在踏青郊游中享受春天乐趣，所以，文化传承与身心调适是清明文化的重要功能。

（四）端午节

端午节为每年农历五月初五，因古代“端”字有“初始”的意思，按照历法五月正是“午”月，因此“端五”就渐渐演变成了“端午”。端午节是集拜神祭祖、祈福辟邪、欢庆娱乐和饮食于一体的民俗大节。

端午节（微课）

端午节的起源传说诸多，有纪念屈原、伍子胥、曹娥、介子推等说法，也有源自自然天象崇拜，由上古时代祭龙演变而来之说。这些起源说法涵盖了古老星象文化、人文哲学等方面内容，蕴含着深邃丰厚的文化内涵，在传承发展中杂糅了多种民俗。端午节还有许多别称，如端阳节、龙节、正阳节、龙舟节、天中节等。端午节的习俗主要有赛龙舟、吃粽子、佩香囊、悬艾叶、挂菖蒲等，因地域文化不同，各地也存在习俗内容或细节上的差异。

粽子（图片）　　赛龙舟（图片）

（五）七夕节

七夕节，是我国农历七月初七夜晚举行的传统节日，又名乞巧节、七巧节，被誉为我国传统的“情人节”。这是中国传统节日中最具浪漫色彩的一个节日，此日活动的主要参与者是少女，节日活动的内容以乞巧为主，所以人们又称这天为乞巧节、少女节、女儿节。七夕节的来历与民间流传的牛郎与织女的故事有关。

七夕节时，姑娘们摆上时令瓜果，朝天祭拜，祈求天上的女神能赋予她们聪慧的心灵和灵巧的双手，让自己的针织女红技法娴熟，更祈求姻缘的巧配。乞巧的方式大多是姑娘们穿针引线验巧或做些小物品赛巧。各个地区的乞巧方式不尽相同，各有趣味。

（六）中秋节

中秋节为每年农历八月十五，这时是一年秋季的中期，所以被称为中秋。中秋源自天象崇拜，由上古时代秋夕祭月演变而来。祭月即古代我国一些地方对“月神”的一种崇拜活动，是一种十分古老的习俗。二十四节气中的秋分时节，是古老的“祭月节”，中秋节则由传统的“秋分祭月”演变而来。祭月作为民间节日中重要的祭礼之一，逐渐演化为赏月、颂月等活动。

月饼（图片）

中秋佳节被赋予家庭团圆、亲人团聚、庆祝丰收的文化内涵，所以被赋予大团圆的月饼已成为我国南北各地过中秋节的必备节令食物，人们在中秋节吃月饼，并用它祭月、赠送亲友。除月饼外，各种鲜果、干果也是中秋节的美食。中秋节时，人们观赏皓月，寄托情怀。除此之外，民间还有提灯笼、舞草龙、树中秋、砌宝塔等一系列的节庆活动。

（七）重阳节

重阳节为每年农历九月初九，因日、月逢“九”，故称为“重九”。九是阳数，固重九亦叫“重阳”。重阳节已有两千多年的历史。重阳节的起源，最早可以追溯到春秋战国时期，但当时只是在帝宫中进行的活动。汉代时期，过重阳节的习俗渐渐在民间传开。唐朝时，重阳节才被定为正式节日，后其主体部分传承至今。

重阳节是杂糅多种民俗于一体的传统节日。重阳节活动一般包括出游赏景、登高远眺、观赏菊花、遍插茱萸、吃重阳糕、饮菊花酒等。九九重阳，因为与“久久”同音，九在个位数字中又是最大数，有长久长寿的含义，所以常在此日祭祖与推行敬老活动。1989 年，我国政府将农历九月初九正式定为“中国老人节”“敬老节”，将传统与现代巧妙结合，使重阳节成为尊老、敬老、爱老、助老的节日。

（八）腊八节

腊八节是每年农历的十二月初八，古代十二月祭祀众神叫腊，故称该月为腊月。从先秦起，腊八节时人们祭祀祖先和神灵，祈求丰收和吉祥。关于腊祭，古书多有记载：“十二月八日为腊日，村人并击细鼓，戴胡头，及作金刚力士以逐疫。”腊祭本是原始先民庆贺农业丰收的报酬之礼，是农耕文明的重要节庆。腊八节除祭祖敬神的活动外，人们还要逐疫，源于古代驱鬼避疫的巫术傩。后因佛祖释迦牟尼的成道日也在十二月初八，因此腊八节也是佛教徒的节日，又称为“法宝节”“佛成道节”“成道会”等。

腊八粥（图片）

腊八节这天有喝腊八粥、做腊八蒜的习俗。寺庙每逢这一天也煮粥供佛。在我国北方，有“小孩小孩你别馋，过了腊八就是年”之说，过腊八意味着拉开了过年的序幕。

（九）除夕

除夕，是农历一年最后一天的晚上，即春节前夜，又称大年夜、大年三十、岁除等。旧时，大年三十叫岁除，“夕”字的本义是“日暮”，引申为“夜晚”，所以称除夕。除夕含有旧岁到次夕而除，明日即另换新岁的意思。除夕时人们往往通宵不眠，叫守岁。

除夕这一天人们准备除旧迎新，吃团圆饭，贴门神，贴春联，挂灯笼，穿新衣。习俗源于先秦时期的逐除活动。《吕氏春秋・季冬纪》记载，古人在新年的前一天用击鼓的方法驱逐“疫病之鬼”，这就是除夕节令的由来。据称，最早提及除夕这一名称的，是西晋周处所撰的《风土记》。这一天，是人们吃、喝、玩、乐的好日子。北方风俗较为一致，过年包饺子；而南方各地则不同，或做年糕，或包粽子，或煮汤圆，或吃米饭，等等，年俗不一。饺子形似元宝，年糕音似年高，都是吉祥如意的好兆头。

二、中国传统节日的文化内涵

（一）无法磨灭的农耕印记

任何一个民族都有其文化根基。中国是一个农耕国家，自古以来，形成了自己特有的农耕文化。传统节日往往是一个民族文化精华的集中展示，中国的传统节日根源于古代的农耕文化，是伴随着农业文明出现的产物。我们的祖辈在农耕的过程中，真切地体验了人与自然的关系，认识了自然时序的复杂规律，他们在长期的农业劳作中依据天时、物候、气候的周期性规律形成了一套约定俗成的节日日期。我国传统的“二十四节气”就是因农业产生的需要应运而生的，每个节气都与农事生产密切相关。每当特定节气来临时，人们都要举行相应的仪式和庆典活动，在此基础上形成了丰富多彩的中国传统节日，所以中国的传统节日中蕴含着不可磨灭的农耕文化印记。例如，年节源于上古时期的丰收吉庆活动。二月二龙抬头，正值二十四节气中的惊蛰前后，春回大地，雨水逐渐增加，适宜春耕，民间也流传着“二月二，龙抬头；大仓满，小仓流”的谚语，这一天的农家人对年景充满祈盼，他们为即将进行的春耕播种而激动，祈求一年能风调雨顺。还有清明时节插秧种豆，中秋时节庆贺丰收，腊八时节祭祀祖先和神灵。传统节日时人们祈求丰收和吉祥等都折射出传统节日中蕴含的农耕文化底蕴。

（二）贯穿其中的伦理观念

中国是一个重血亲人伦，讲礼仪道德，论长幼尊卑的社会，有着自己的一套伦理道德规范，并潜移默化地通过民间风俗融入中国人的观念里，并成为维系社会和家庭稳定的根本因素。传统节日的文化中也处处渗透着中华民族的传统伦理观念，文化通过各种节日仪式和活动得到了久远的传递。春节给长者拜年，给孩子发压岁钱；端午节给小朋友系五彩线、佩香囊；重阳节敬老、爱老；等等。这些无不体现中国人敬老爱幼的优良传统。另外，中国人在春节、清明节、中元节时有祭祖、缅怀祖先的习俗，礼敬祖先，以表达对祖先的追念。传统节日中也渗透着浓厚的人际和谐的群体意识，每逢年节的时候，亲朋好友之间都会相互拜年拜节，互相问安，通过各种方式送上彼此的节日问候和祝福。人们通过各种节日习俗强化着伦理道德观念，使社会和家庭稳定健康发展。

（三）永恒不变的祈福主题

在中华民族悠久的历史文化中，一直以来都有着祈福、求福、迎福、纳福的文化传统，在中国人的思想意识中，“福”是吉祥、美好的文化符号，是人们精神世界中的追求目标。考察各大传统节日的起源及节日中的一些习俗活动，在节日里，祈福纳吉是永恒不变的节日主题。节日期间，人们举行各式各样、多姿多彩的祈福活动，尤其以春节最多，如贴门神、贴对联、吃饺子、放鞭炮、守岁、拜年、给孩子发压岁钱等，都蕴含着吉祥的寓意。中国人最重视的团年饭、元宵节的元宵、中秋节的汤圆，及中秋祭月、赏月活动，无不表达着人们对圆满、团圆、幸福的祈求。端午节的悬艾叶、饮雄黄酒，重阳节的插茱萸、饮菊花酒，均表达了人们远离灾疫的强烈愿望。另外，还有在节日中形成的吉祥话、祝福语，如“平安健康”“年年有余”“吉祥如意”“六畜兴旺”“五谷丰登”“风调雨顺”等，都彰显人们对吉祥美满生活的渴望。祈福纳吉是节日文化的主旋律。

（四）凝聚民族情感的坚实纽带

传统节日都具有鲜明的民族特征。每个民族的文化都是这个民族共同生活方式、思维方式等的集中反映，是这个民族的重要符号，更是民族认同的代表性符号，承载着民族的记忆、民族的传承。所以在一定意义上，可以说传统节日是民族的文化标志和精神纽带。传统节日的文化内涵体现和承载着民众的精神寄托和心理诉求，也是维系海内外中华子孙对民族文化认同的精神纽带。每逢传统佳节，不管身处何处，人们都会通过各种传统的仪式参与属于这个民族的节日。即便是身处海外的华人，每逢传统节日，都会跨越时空界限，参与、庆祝属于中华子孙的传统节日。比如，每逢春节，身处海外的华人也会和国内的同胞一样，通过守岁、舞龙灯、拜年、发压岁钱、包饺子等习俗来庆贺新年，传统节日习俗带给他们的是民族认同感和民族自豪感。中国传统节日是凝聚民族情感，维系社会和谐，巩固民族团结，促进各民族文化交流与融合的重要精神纽带。

三、传承中国传统节日文化内涵的现实意义

中国的传统节日文化中包含着中华民族的精神和灵魂，包含着我们的祖先对宇宙和人生的透彻认识，也包含着中华民族的悠久文明和伦理、道德。传承优秀传统节日文化不仅能够增强民族凝聚力，也能提国家的软实力，更能传承优秀传统美德，因此具有重要的现实意义。

（一）增强民族凝聚力

中国传统节日美食（微课）

民族凝聚力是指一个民族内部间的相互吸引力，是推动各民族向前发展的一种内部力量。民族凝聚力的基础是民族认同，而民族认同的核心是文化认同。中国优秀传统节日具有悠久且深厚的文化内涵，根植于华夏文明与民族精神的土壤之中，已经深深地融入每一个中国人的血脉之中。庆祝中国传统节日是我们传递民族情感、促进民族交流、增强民族团结和凝聚民族精神的重要契机。如我们的春节，仅仅拿年夜饭这一个风俗来说，就蕴涵着许许多多的内容——我们中国人无论身在何地，大年三十都要回家团聚在一起，共同吃这顿饭，吃年夜饭前我们要祭祖……这不仅仅是一顿丰盛的饭，这里蕴含着我们民族对家庭的尊重，也蕴含着我们对祖先的尊敬和缅怀。除此之外，清明节祭祖踏青，端午节纪念屈原、伍子胥等，中秋节团圆赏月，重阳节敬老登高，这些全民性的仪式都蕴含着敬祖意识、亲情情结、精忠爱国等思想，也体现出人们对民族文化的认同感和对中华民族的归属感，无形中也增强了民族凝聚力。

（二）提升国家软实力

任何一个民族、一个国家，都有属于自己的历史，历经岁月的洗礼，沉淀成为本民族独特的传统文化。传承传统文化是提升一个国家软实力的重要途径。而作为中国传统文化之精髓的中国传统节日文化，不仅是中华儿女宝贵的非物质文化遗产，更是传承几千年华夏文明的重要载体，所以传承中国传统文化正是提高国家软实力的有效手段。中国的传统节日承载着丰厚的历史文化内涵，也包含着丰富的礼俗文化和食俗文化等，都是中华优秀传统文化。所以，对中国传统节日文化的传承，是对我国文化遗产的保护，对中华民族优秀传统文化发展有着重要的意义。在传统节日的庆典仪式和礼俗活动中，人们在耳濡目染中理解和接受中国传统节日文化，从而实现对中华优秀传统文化的继承与发展。

（三）传承优秀传统美德

中国传统节日文化是维系国家统一、民族团结和社会和谐的重要精神纽带，是建设

社会主义先进文化的宝贵资源。首先，中国传统节日文化具有思想引导的作用，如清明节祭祖扫墓的感恩教育，端午节纪念屈原的爱国主义教育，春节、中秋时家庭团圆的亲情教育，重阳节敬老、爱老的孝道教育等，这些节日民俗活动都蕴含着理想信念教育，是进行思政教育的良好契机。节日文化中积极、正确的思想引导人们树立正确的理想信念和价值取向。其次，中国传统节日文化还具有行为约束的作用。在传统节日的习俗中，人们十分注重孝道为先、长幼有序等传统道德规范。例如，清明节的祭祖扫墓引导人们珍爱生命，孝敬长辈；端午节时纪念爱国诗人屈原，引导人们热爱祖国；中秋节团圆赏月，引导人民向往和谐美好的幸福生活。人们在传统节日中潜移默化地规范、约束自己的行为，这种意识是无形的，其影响是深远的。我们要继承和弘扬中国传统节日文化，充分发挥其思想和行为的导向作用，将中国传统节日的文化内涵转化成道德意识，从而形成良好的道德习惯。

学后心得：

任务 3　文化实践任务单

<table>
<tr><td>执行任务人</td><td colspan="3"></td><td>班级</td><td></td></tr>
<tr><td>任务名称</td><td colspan="5">动手剪窗花，感受中国传统节日的文化魅力</td></tr>
<tr><td>任务背景</td><td colspan="5">窗花是贴在窗户上的剪纸，是中国传统艺术之一，是农耕文化的特色艺术，这种乡土艺术具有鲜明的民俗情趣和艺术特色。窗花在样式方面除了贴在四角的“角花”和折剪的“团花”之外，其外轮廓都没有什么限制</td></tr>
<tr><td>任务实施步骤</td><td colspan="5">（1）了解窗花艺术及南北方窗花文化的差异
（2）网上搜索窗花剪裁教程
（3）准备剪窗花的工具和材料
（4）将窗花作品贴在任务成果展示栏中</td></tr>
<tr><td>任务成果展示栏
（介绍文化内涵）</td><td colspan="5"></td></tr>
<tr><td rowspan="6">任务综合评估</td><td rowspan="4">教师评分</td><td>评价标准</td><td>分值</td><td>得分</td><td>备注</td></tr>
<tr><td>剪裁精美</td><td>40</td><td></td><td></td></tr>
<tr><td>正确诠释文化内涵</td><td>30</td><td></td><td></td></tr>
<tr><td>介绍文化内涵的语句通畅，思路清晰，重点突出</td><td>30</td><td></td><td></td></tr>
<tr><td>学生互评
评语</td><td></td><td></td><td></td><td></td></tr>
<tr><td>自我修正
及感悟</td><td></td><td></td><td></td><td></td></tr>
</table>

学生任务完成情况记录：

项目八

中国古代工艺

◇ 项目导读：

中国古代工艺品是凝聚的历史，这些工艺品有时候不仅仅是实用工具，更是固有形态的展示与精神文化的体现。中国独特的地理条件与文化传统孕育了伟大的中华文明，其中这些古代工艺品正体现了中华文化的博大精深，不仅品种丰富、造型各异，而且纹饰精美、寓意深刻，是中国古代劳动人民思想与智慧的结晶。

◇ 学习目标：

（1）了解中国古代玉器、陶瓷、青铜器等工艺作品。

（2）体会中国古代工匠精神。

（3）了解与自身所学专业相关的技能背后的独特匠心。

◇ 理论要求：

具备阐述古代玉器、青铜器、陶瓷等艺术价值的能力。

◇ 技能要求：

结合自己所学专业，体验、记录相关技能的独特匠心。

◇ 素质要求：

树立正确的职业价值观，建立长远的职业规划。

任务 1　课前自测

◆ 判断题

1. 越王勾践剑是一把金色与白色交织的剑。（　　）
2. “鼎”是一种青铜炊具，可以烹饪以及贮藏肉类。（　　）
3. 博物馆里的古代铜镜一般以镜背示人，是因为“古镜不能照今人”。（　　）
4. 早在秦代我国就已经掌握兵器的铬盐氧化（抗氧化）处理技术了。（　　）
5. 红山文化的玉龙是我国发现最早的玉器作品。（　　）
6. 目前中国仍是陶瓷工艺技术最领先的国家。（　　）
7. 秦始皇兵马俑不是灰黑色的，是彩色的。（　　）
8. 敦煌莫高窟的壁画之所以历经千年而不变色，是因为其以天然宝石为颜料。（　　）

学前思考：

写一写你心目中的中国古代工艺是什么样的？

____

____

____

____

任务2 文化解读

中国古代工艺品是为满足物质需要和精神需要，在不同的历史条件下，采用各种物质材料和工艺技术所创造的人工造物的总称。它是中华民族造型艺术的重要组成部分，既体现了工艺的一般本质特征，在内涵和形式上保持着实用性与审美性的统一，又显示了中华民族文化自身独特的匠心工艺。

一、中国古代代表性工艺

从石器时代开始，中国古代工艺文化就开始具备独特特点，随之而来的青铜时代把这一文化推向高峰，青铜礼器的文化是这一时期中国区别于其他国家的一个显著特点。中国古人在创造非凡工艺品的同时，也不忘记从大自然中发现美，中国人独有的“君子如玉”由此而来，玉器也成为中国古代工艺品中的一个重要类别。

（一）中国古代石器、青铜器工艺

1. 石器工艺

众所周知，人类劳动是从制作工具开始的，即使最简单的工具也可以增加人的能力，人们利用这些工具影响自然和自身。石器时代是人类历史分期的第一个时代，按照制作石器的方法，石器时代可以分为旧石器时代、中石器时代和新石器时代。

旧石器时代的人类主要依靠捕鱼、打猎和采集来获得一些生活资料，典型的标志是通过敲打石头制成石制工具。旧石器时代晚期已经出现了具有审美价值的工具，此时的人类已对“形”有了概念。这一时期的山顶洞人已经会用骨针，骨针是我国最早发现的旧石器时代的缝纫工具，表明以前我们的祖先能够自己缝制衣服。此外，穿孔技术的出现，令人类对于石器工艺的追求更进一步，包括一些穿孔的石珠、兽牙、贝壳、骨头等。

中石器时代的标志是能制作石片和细石，工具趋于小型，细石器均采用硬度高、有光泽、半透明的特殊石料制成，包括一些黑曜石、白色的石英和玛瑙，还有一些有色彩的玉石。中石器时代的工具造型规整、对称，质地坚硬，形制多样，外表美观。

新石器时代的标志是随着农业出现的磨制石器以及其他工具，如石斧、石凿、石刀、石镰、石磨盘等，这些也是早期农业生产的重要标志。

无论是旧石器时代还是新石器时代，都是人类历史进程的启蒙阶段，在工艺品上表现得也十分简单、稚嫩。

2. 青铜器工艺

中国青铜时代开始于公元前 2000 年，经夏、商、西周、春秋、战国和秦汉，历近 15 个世纪。青铜器文化是我国文化的重要组成部分，具有重要的历史价值和观赏价值，其中商周时期的青铜器最有价值。青铜器文化是夏商周时期的文化核心，其中商周时期的礼器既有文化价值，又有极高的艺术价值，青铜时代是中国古代工艺的第一个巅峰时期。

世界各地区都有青铜文化，这是因为青铜作为工具和器皿的原料有其优越性。自然界存在着天然的纯铜块（红铜），因此铜也是人类较早认识的金属之一。但红铜的硬度低，不适合制作生产工具，所以在生产中发挥的作用不大。后来，人们又发现了锡矿石，并学会了提炼锡，在此基础上人们在铜中添加锡，即青铜，比纯铜的硬度大。经锤炼后，青铜的硬度可进一步提高。

奴隶主把青铜器作为宴享和祭祀祖先的礼器。青铜器不是一般人可以拥有的，它作为一种权力和地位的象征、一种记事耀功的礼器而流传于世，并非使用品，也不可在市面上进行买卖。

中国古代青铜器运用的领域比较广泛，工具方面，如小刀、钻、锥、凿等；农具方面，如斧、铲、鱼钩等；兵器方面，如戈、兽头刀、雕脊刀等；饮食器方面，仿陶器而制，如大方鼎、园鼎等；酒器方面，如爵、觚、尊等；梳妆用具方面，如洗手洗脸的用具、铜镜等；车马器方面，即车上的装饰品，如铜铃、衔等；玺印方面，即印章，铸或刻在铜材料上，是权力的象征；乐器方面，如埙、编钟；食具方面，如鼎、鬲、簋、簠、盨等；酒具方面，如斝、觚、觯、卣、盉等。

青铜器上的纹饰主要是怪兽，其中最多见的也是这个时期刚刚出现的饕餮纹，是重组变形法则最集中的体现。饕餮是传说中的一种贪食的恶兽，古代钟鼎礼器上多刻其头形作为装饰。夏、商、西周、春秋战国时期的饕餮形象不尽一致。

商后母戊鼎，又称司母戊鼎、司母戊大方鼎，是商后期铸品，于 1939 年在河南省安阳市武官村出土，现藏于中国国家博物馆。

商后母戊鼎（图片）

商后母戊鼎高 133 厘米，口长 110 厘米，口宽 79 厘米，重 832.84 千克；器厚立耳，折沿，腹部呈长方形，下承四柱足，器腹四转角，上下缘中部，足上部均置扉棱。商后母戊鼎器身与四足为整体铸造，鼎耳则是在鼎身铸成之后再装范浇铸而成，形制巨大，雄伟庄严，工艺精巧；鼎身四周铸有精巧的盘龙纹和饕餮纹，增加了文物本身的威武凝重之感，足上铸蝉纹，图案表现蝉体，线条清晰，腹内壁铸有“后母戊”三字，字体笔势雄健、形体丰腴，笔画的起止多显锋露芒，间用肥笔。

商后母戊鼎是已知的中国古代最重的青铜器，商后母戊鼎充分说明商代后期的青铜铸造不仅规模宏大，而且组织严密，分工细致，足以代表高度发达的商代青铜文化。2002 年 1 月 18 日，商后母戊鼎被国家文物局作为国家一级文物列入《首批禁止出国（境）展览文物目录》。

三星堆古遗址位于四川省广汉市西北的鸭子河南岸，分布面积 12 平方千米，距今已有 3 000 至 5 000 年的历史，是迄今在西南地区发现的范围最大、延续时间最长、文化内涵最丰富的古城、古国、古蜀文化遗址。

1986 年，四川省广汉市三星堆遗址二号祭祀坑出土商青铜神树。一号青铜神树由底座、树和龙三部分组成，全树采用分段铸造法制成，运用了套铸、铆铸、嵌铸、铸接等当时最为先进的手法，可谓青铜铸造工艺的集大成者。

三星堆商青铜神树（图片）

商青铜神树共有八棵，其中修复完整的一棵高达 396 厘米，是全世界已发现的最大的单件青铜文物，被命名为一号神树。一号神树由基座和主体两部分组成，树顶已残缺，基座仿佛三座山相连，主干三层，节节攀升；树枝分为三层，每层三枝，树枝上分别有两条果枝，一条向上，一条下垂，果托硕大；全树共有九只鸟，站立在向上果枝的果实上，一条龙沿主干旁侧而下，蓄势待飞。二号神树三面各有一跪坐铜人像，前臂残缺。青铜神树是古蜀文明的代表，可谓青铜铸造工艺的集大成者，是古蜀先民人神互通的神话意识形象化的写照，于 2002 年 1 月被国家文物局列入《首批禁止出国（境）展览文物目录》。

（二）中国古代玉器、陶瓷工艺

中国素有“玉石之国”的美誉，提到“玉”，人们马上会想到中国；此外瓷器也是中国的象征，“瓷器”的英文译名为“china”。玉器和瓷器是中国工艺品文化乃至世界工艺品文化中独一无二的。

1. 玉器工艺

玉器（微课）

玉乃石中君子，《说文解字》中记载：“玉，石之美，有五德。”中国玉器制作的历史非常悠久，我们的祖先在磨制石器的过程中逐渐认识了玉这种美丽的石头。从此，他们剖璞取玉，琢玉成器，创造了独特的玉器艺术。在先秦时期，玉器不仅具有审美价值，也可以显示身份，象征财富和权力，用作沟通天人的灵物，在西周时期还是当时礼的重要载体，甚至因其温润莹泽的优越属性而成为道德情操的化身。秦汉以后，玉器逐渐褪去其炫目的光晕，但仍承载着人们祛祸祈福、安康吉祥的美好愿望。

中国是世界上主要的产玉国之一，玉石开采历史悠久，分布地域极广，储量丰富。中国有句至理名言，叫“他山之石，可以攻玉”，这道出了琢玉的真谛。琢玉的技巧是高超的，而治玉工具确实简陋。直到近代，中国的玉器，不是雕刻出来的，而是利用硬度高于玉的金刚砂、石英、石榴石等解玉砂，辅以水来研磨玉石，琢制为成品。所以，用行话来说，制玉不叫雕玉，而称治玉。在铁器发明之前的新石器时代和青铜时代，大部分琢玉工具只是以木竹器、砂岩配制而成。如此原始的工具，却能琢磨出如此精彩的玉器，真是人间奇迹。

中国玉器源远流长，已有约七千年的辉煌历史。大约七千年前，河姆渡的先民们在选石制器的过程中，有意识地把拣到的美石制成装饰品，打扮自己，美化生活，揭开了中国玉文化的序幕。在距今四五千年前的新石器时代中晚期，辽河流域、黄河上下、长江南北，中国玉文化的曙光到处闪耀。当时琢玉已从制石行业分离出来，成为独立的手工业。太湖流域的良渚文化和辽河流域的红山文化出土的玉器最为引人注目。

良渚文化玉器种类较多，典型器有玉琮、玉璧及成串玉饰等，良渚玉器以体大自居，显得深沉严谨，对称均衡得到了充分的应用，尤以浅浮雕的装饰手法见长，特别是线刻技艺达到后世也几乎望尘莫及的地步。最初反映良渚琢玉水平的是形式多样、数量众多的玉器，如高深莫测的玉琮。

玉琮（图片）

红山文化玉器少见呆板的方形玉器，以动物形玉器等为特色，典型器有玉龙、玉兽形饰、玉箍形器等。红山文化琢玉技艺最大的特点是，玉匠能巧妙地运用玉材，把握住物体的造型特点，寥寥数刀，把器物的形象刻画得栩栩如生，十分传神。“神似”是红山古玉最大的特色。红山古玉，不以大取胜，而以精巧见长。

玉龙（图片）

商代晚期玉器以安阳殷墟妇好墓出土玉器为代表，出土玉器755件，按用途可分为礼器、仪仗、工具、生活用具、装饰品和杂器六大类。商代玉匠开始使用和田玉，使用数量较多。商代出现了仿青铜彝器的碧玉簋、清玉簋等实用器皿。动物、人物玉器数量大大超过几何形玉器数量，如玉龙、玉凤、玉鹦鹉，神态各异，形神毕肖。玉人，或站，或跪，或坐，姿态多样；是主人，还是奴仆、俘虏，难以辨明。商代已出现了我国最早的俏色玉器——玉鳖。最令人叹服的是，商代已开始有了大量的圆雕作品，此外玉匠还运用双线并列的阴刻线条（俗称“双勾线”），有意识地将一条阳文呈现在两条阴线中间，使阴阳线同时发挥刚劲有力的作用，把整个图案变化得曲尽其妙。

西周玉器在继承殷商玉器双线勾勒技艺的同时，独创一面坡粗线或细阴线镂刻的琢玉技术，这在鸟形玉刀和兽面纹玉饰上大放异彩。但从总体上看，西周玉器没有商代玉器活泼多样，而显得有点呆板，过于规矩。这与西周严格的宗法、礼俗制度不无关系。

春秋战国时期，政治上诸侯争霸，学术上百家争鸣，文化艺术上百花齐放。其中玉雕艺术光辉灿烂，可与当时地中海流域的希腊、罗马的石雕艺术相媲美。

明清时期是中国玉器发展的鼎盛时期，尤其是在清朝乾隆年间。随着清政府平定了准噶尔叛乱，政府打通了和田玉通往内地的通道，从根本上解决了玉雕材料源头的问题。并且清朝的乾隆皇帝十分喜欢玉器。在乾隆执政时期，玉器达到了其演变史上的巅峰。

清朝玉器集历代玉器之大成，将传统的阴刻、阴线、浮雕、镂雕等技艺发挥得尽善尽美，线如直尺，圆如满月，委角圆滑光润，镂雕玲珑剔透，细部加工一丝不苟，给人一种和谐圆满的享受。

清大禹治水图玉山，是清乾隆时期的宫廷玉器，该玉器为当时两淮盐政所辖的扬州工匠雕凿制成，现藏于北京故宫博物院。

清大禹治水图玉山（图片）

该玉山高 224 厘米，宽 96 厘米，座高 60 厘米，重 5 000 千克。玉山用料产自中国新疆和田密勒塔山，为致密坚硬的青玉。玉山上雕了峻岭叠嶂、瀑布急流，遍山古木苍松，洞穴深秘。在山崖峭壁上，成群结队的劳动者在开山治水，此景即为“夏禹治水”故事。

大禹治水图玉山为乾隆皇帝亲自筹划，大块玉料从新疆和田密勒塔山采下后，夏天用圆木运输，冬天在路上泼水结冰，用数百匹马拉近千人推，经过三年才从新疆运到北京。乾隆皇帝钦定用内府藏宋人《大禹治水图》画轴为稿本，在宫内先按玉山的前后左右位置，画了四张图样，随后又制成蜡样，送乾隆阅示批准。蜡样于乾隆四十六年（1781 年）发往扬州，因担心扬州天热，恐日久蜡样熔化，又照蜡样再刻成了木样。乾隆五十二年（1787 年），当时两淮盐政所辖的扬州工匠将大玉雕凿制成，共用 6 年时间。该作品前后共费时十余年，总工程量达 15 万个工作日。

2. 陶瓷工艺

陶瓷是陶器和瓷器的总称。陶瓷是一种工艺美术，也是民俗文化。中国是历史悠久的文明古国，对人类社会的进步与发展做出了许多重大贡献。在陶瓷技术与艺术上所取得的成就，尤其具有特殊重要意义。

瓷器（微课）

中华民族发展史中的一个重要组成部分就是陶瓷发展史，中国人在科学技术上的成果以及对美的追求与塑造，在许多方面都是通过陶瓷制作来体现的，在各个时期都形成了典型的技术与艺术特征。

欧洲掌握制瓷技术的一千多年前，中国已能制造出相当精美的瓷器。从我国陶瓷发展史来看，陶瓷一般分为陶和瓷两大类。胎体没有致密烧结的黏土和瓷石制品，统称为陶器。其中把烧结程度较好的那一部分称为“硬陶”，把施釉的那一部分称为“釉陶”。而经高温烧制、胎体烧结程度较为致密、釉色品质优良的黏土或瓷石制品，统称为瓷器。中国传统陶瓷的发展经历过一个相当漫长的历史时期，种类繁杂，工艺特殊。

从传说中的黄帝尧舜至夏朝，出现了彩陶，其中较为典型的有仰韶文化、马家窑文化、齐家文化的彩陶。

西安半坡遗址出土了大量制作精美的彩陶器，令人叹为观止。半坡遗址为仰韶文化聚落遗址，当时，除日用餐饮器皿之外，祭祀礼仪所用之物也大为发展。在公元前 206 年至公元 220 年的汉朝，艺术家和工匠们的创作材料不再以玉器和金属为主，陶器受到了更为确切的重视。在这一时期，烧造技艺有所发展，较为坚致的釉陶普遍出现，汉字中开始出现“瓷”字。同时，通过新疆、波斯至叙利亚的通商路线，中国与罗马帝国开始交往，加强了东西方文化的交流。

青釉堆塑楼阁人物谷仓罐反映西晋谷仓罐的艺术发展到了巅峰。谷仓上半部堆塑多种饰物，有耗子、雀鸟、崇楼、亭阙、人物、狗等。谷仓的下半部为一完整的青瓷罐，罐肩部塑贴一龟驮碑，碑上刻“永安三年时富且洋（祥）宜公卿多子孙寿命长千意（亿）万岁未见英（殃）”24 字。龟之周围塑贴人物及鹿、猪、龟、鱼等动物，其间刻画狗、鱼、龙等纹饰，另外，还刻画“飞”“鹿”“句”“五种”等字样。

青釉堆塑楼阁人物谷仓罐（图片）

唐代被认为是中国艺术史上的一个伟大时期。陶瓷工艺技术改进巨大，许多精细瓷器品种大量出现，即用当今的检测标准来衡量，它们也算得上是真正的优质瓷器。陶瓷业至宋代，得到了蓬勃发展，并开始对欧洲及南洋诸国大量输出。以钧、汝、官、哥（官窑）、定（民窑）为代表的众多有各自特色的名窑在全国各地兴起，陶瓷色彩日趋丰富。

元代时，枢府窑出现，景德镇开始成为中国陶瓷产业中心，其名声远扬世界各地。景德镇生产的白瓷与釉下蓝色纹饰形成鲜明对比，青花瓷文化在以后的各个历史时期也一直深受人们的喜爱，青花瓷属于釉下彩，出现于元代，盛行于明清时期。

明代时。这一时期，景德镇的陶瓷制造业在世界上是最好的，在工艺技术和艺术水平上独占突出地位，尤其是青花瓷工艺达到了登峰造极的地步。此外，福建的德化窑、浙江的龙泉窑、河北的磁州窑也都以各自风格迥异的优质陶瓷蜚声于世。

清代时，康熙、雍正、乾隆三代被认为是整个清朝统治下陶瓷业最为辉煌的时期，出现了许多工艺技术较为复杂的陶瓷器，颜色釉瓷及釉上彩瓷异常丰富。到清代晚期，政府腐败，国运衰落，中国的陶瓷制造业日趋退化。

汝窑，宋代五大名窑之一，因窑址位于宋时河南汝州境内而得名，汝瓷位居宋代“汝、官、哥、钧、定”五大名窑之首，在中国陶瓷史上素有“汝窑为魁”之称。汝窑是古代著名的瓷种之一，是北宋、南宋、明朝时期皇家主要代表瓷器。汝瓷造型古朴大方，以名贵玛瑙为釉，色泽独特，有“玛瑙为釉古相传”的赞誉。汝瓷随光变幻，观其釉色，犹如“雨过天晴云破处”“千峰碧波翠色来”，土质细润，坯体如胴体，其釉厚而声如磬，明亮而不刺目。器表呈蝉翼纹细小开片，有“梨皮、蟹爪、芝麻花”之特点，被世人称为“似玉非玉而胜玉”。

汝窑以传承艺术为己任，采用传统手工制作陶瓷方法，制作一个陶瓷的工序高达十三道，包括淘泥、摞泥、拉坯、印坯、修坯、捺水、画坯、上釉、烧窑、成瓷等。汝瓷做工精细，设计唯美，器形古朴典雅得当，光润有度。由于汝瓷釉层厚，常有开片如鱼鳞、蝉翼状，久用之后茶色会着附于裂纹处，形成不规则的变换交错的花纹，其手感润滑如脂，另有似玉非玉之美。

汝窑作品（图片）

钧窑，即钧台窑，是在柴窑和鲁山花瓷的风格基础上综合而成的具有独特风格的工艺。受道家思想影响，钧窑在宋徽宗时期达到发展高峰，其工艺技术发挥到极致。无论是呈色和各种纹理的表现，钧窑能做到可控，无人能仿造。宋代文化受理学的影响，反映在瓷器上就是规整对称，无论是造型还是纹理，都遵循这一原则，特别是北宋官造钧瓷，无论文房用具还是大型祭器，都严格遵守这一原则。

钧窑作品（图片）

南宋宋高宗时期，一些窑口专为宫廷烧制瓷器，在当时俗称“官窑”。南宋官窑瓷器沿袭北宋风格，规整对称，有宫廷气势，高雅大气，一丝不苟。因其胎土含铁量极高，手感沉重，胎土呈深黑褐色，后称“紫口铁足”。官窑釉面沉重幽亮，釉厚如堆脂，温润如玉；经多层反复细刮，釉光下沉而不刺眼，纹理布局规则有致，造型庄重大方。我们今天所称官窑泛指历朝官府烧造的瓷器。其实，历史上官窑仅指南宋时期烧造的瓷器，后世再无此称呼。

官窑作品（图片）

（三）中国古代雕塑工艺

在悠久的历史进程中，我们的祖先创造了许多精美的雕塑艺术作品。雕塑是一种造型艺术，即以物质材料和手段制作的三维空间形象的视觉艺术。雕塑最早主要是使用雕

（通过减除材料来造型）及塑（通过叠加材料来造型）的方式，在石、金属、木、陶瓷等材料上创作。

大型陵墓石刻肇始于汉代墓前的石人、石兽。存世的古代陵墓石刻主要为南朝宋、齐、梁、陈及唐、北宋、明、清各代帝陵和勋臣贵戚墓的遗存。北魏、辽、金、西夏等朝代陵墓遭严重破坏，仅有少量石刻遗留下来。南朝和唐代的作品代表了陵墓石刻的最高成就。自唐代乾陵起，以迄北宋，石刻的内容、配置方式逐步形成定制，并为明、清两代所承袭。宗教雕塑主要保存于寺庙和石窟寺之内，由于寺庙毁损严重，石窟寺雕塑便成为宗教雕塑遗存的主要代表。石窟寺是开凿于山崖之上的宗教寺庙，以佛教为主，也有少量道教或其他宗教内容的造像。石窟形制源自印度，约于公元 3 世纪传至中国。造窟风气最盛的时期为南北朝至唐代中期，在公元 5 世纪至公元 8 世纪。重要石窟多以皇室或勋臣贵戚雕造的大像为中心，由众多的窟、龛、摩崖造像等构成庞大的石窟群。雕造的时间常延续十多个世纪。每个窟内又以立体雕塑本尊佛造像为中心，由弟子、菩萨（以后增加天王、力士）组成群像，四壁布满浮雕或壁画，形成浓厚的宗教氛围。由于造像和壁画、浮雕的内容、样式存在差异，从而形成不同时期、不同地区的艺术风格。

兵马俑是古代墓葬雕塑的一个类别。古代实行人殉，奴隶是奴隶主生前的附属品，奴隶主死后奴隶要作为殉葬品为奴隶主陪葬。兵马俑即制成兵马（战车、战马、士兵）形状的殉葬品。秦始皇兵马俑的规模是庞大的，在秦始皇陵东 1 千米处，发掘出作为秦始皇陵陪葬墓坑之一的兵马俑坑。一号坑在南，东西长 230 米，宽 62 米，占地面积为 14 260 平方米；二号坑东西长 124 米，宽 98 米，占地面积为 6 000 平方米；三号坑占地面积为 520 平方米，共出土武士俑 800 件，木质战车 18 辆，陶马 100 多匹。按兵马俑现有排列形式推算，这三个坑可能有武士俑 7 000 件，战车 100 辆，战马 100 匹。

兵马俑大部分采用陶冶烧制的方法制成，先用陶模做出初胎，再覆盖一层细泥，然后进行加工刻画加彩，有的先烧后接，有的先接再烧，火候均匀，色泽单纯，硬度很高。每一道工序都有不同的分工，都有一套严格的工作系统。当初的兵马俑都有鲜艳和谐的彩绘，发掘过程中发现有的陶俑刚出土时局部还保留着鲜艳的颜色，出土后由于被氧化，颜色不到十秒钟瞬间化作白灰色。现在能看到的只是残留的彩绘痕迹。

秦始皇兵马俑
（图片）

制作的兵马俑工匠是处于秦国社会下层的一批陶工。这些陶工有的来自宫廷的制陶作坊，有的来自地方的制陶作坊。从陶俑身上发现的陶工名有 80 个，都是具有丰富实践经验的优秀陶工。在陶俑、陶马身上打印或刻画陶工名，源于战国中期秦国的“物勒工名”制度，是秦国政府管理官府手工业、保证产品质量、控制和监督工匠生产的一种手段。这种手段运用于秦陵兵马俑的制作上，一方面加强了对工匠的控制与管理，另一方面也有利于作品质量的提高。

莫高窟，坐落于河西走廊西部尽头的敦煌。莫高窟的开凿从十六国时期至元代，前后延续约 1 000 年，这在中国石窟中绝无仅有。它既是中国古代文明一个璀璨的艺术宝库，也是古代丝绸之路上曾经发生过的不同文明之间对话和交流的重要见证。莫高窟现有洞窟 735 个，保存壁画 4. 5 万多平方米，彩塑 2 400 余尊。

敦煌石窟是建筑、雕塑、壁画三者结合的立体艺术。洞窟分南北两区：南区 492 个洞窟是莫高窟礼佛活动的场所；北区 243 个洞窟主要是僧人和工匠的居住地，内有修行和生活设施土炕坑、烟道、壁龛、灯台等，但多无彩塑和壁画。雕塑是石窟的主体。由于敦煌石窟开凿在砾岩上，所以除了高达二三十米的南大像、北大像为石胎泥塑外，其余多为木架结构。其制作过程是：先制作好相应的木构骨架，然后束以苇草，草外敷粗泥，再敷细泥，压紧抹光塑像成形，再上白粉，最后彩绘，故名彩塑。

敦煌石窟（图片）

敦煌彩塑上起十六国，经北魏、西魏、北周、隋、唐、五代、宋、回鹘、西夏、元直到清代，历时千余年，现在尚存彩塑三千多身，其中圆雕两千多身，浮塑一千余身。基本完好的原作一千四百余身，其余大半经过后代上彩或重塑，有的已部分或全部失去原作面貌。但像莫高窟这样，保存古代彩塑之多，历时之长，技艺之精，在中国和世界上都是罕见的。

二、中国古代工艺的独特匠心

工匠精神是中国人自古及今、绵延百代孜孜以求的。早在《诗经》中，就把对骨器、象牙、玉石的加工形象地描述为“如切如磋，如琢如磨”。孔子在《论语》中对其十分肯定，朱熹《论语集注》中解读为“治之已精，而益求其精也”，再看《庄子》中的“庖丁解牛”，《尚书》中的“惟精惟一，允执厥中”，以及贾岛关于“推敲”的斟酌，都体现了古代中国的匠人精神。

（一）古代工匠

古代中国曾是世界上最大的原创之国、匠品出口国及匠人之国。中国的丝绸、瓷器、茶叶、漆器、金银器、壁纸等产品曾是世界各国王宫贵族和富裕阶层的宠儿。早在西周时期，中国就已设立了“百工制度”，古代的“中国制造”远近闻名。

鲁班生活在春秋末期战国初期，出身于世代工匠家庭。从小鲁班就参加了许多土木建筑工程劳动，逐渐掌握了生产劳动的技能，积累了丰富的经验，被尊奉为木匠的祖师。木工师傅们用的手工工具，如钻、刨子、铲子、曲尺、墨斗，据说都是鲁班发明的，鲁班的名字已经成为古代劳动人民智慧的象征。

还有前面提到的庖丁解牛，庖丁为梁惠王宰牛，其手所接触的地方，肩膀所依靠的地方，脚所踩的地方，膝盖所顶的地方，哗哗作响；进刀时没有不合音律。梁惠王问：“你解牛的技术如何高超到这种程度啊？”庖丁回答说，要依照牛体本来的构造去宰去解，他的刀刃始终像刚磨过一样锋利。庖丁解牛的故事告诉人们一个道理，做任何事只有做到心到、神到、手到，才能达到出神入化的境界。而工匠精神的核心便是：不仅仅是把工作当作赚钱的工具，更要树立一种对工作执着，对所做事情、所造产品精益求精、精雕细琢的精神。

中国自古就有追求“精确”的传统。“差之毫厘，谬以千里”的说法就是例证，欧阳修《归田录》载，汴京开宝寺塔“在京师诸塔中最高，而制度甚精，都料匠预浩所造也”。都料匠，指工匠的总管或总工匠。预浩把塔建好后，却是“望之不正而势倾西北”，成了斜塔。大家都奇怪这是怎么回事，预浩解开了谜团：“京师地平无山，而多西北风，吹之不百年，当正也。”

《尚书·大禹谟》云：“人心惟危，道心惟微；惟精惟一，允执厥中。”我们只有沉得下心，坐得住“冷板凳”，才能真正做出匠心独运、经得起时间检验的作品。如今，我们要尊重工匠的劳动，以良好的环境催生新时代的工匠精神，才能使工匠精神绽放异彩。

（二）工匠精神

1. 敬业

中国古代十分强调“敬”这一观念。对于古代工匠群体而言，他们十分尊敬自己从事的劳动生产，因此形成了内涵十分丰富的“敬业”观念。这主要表现在以下几个方面：首先，对于行业本身的尊敬，在古代百工行业中，都有所谓的祖师爷。例如，木匠、石匠都奉鲁班为行业祖师爷。这种行业祖师文化并非所谓的迷信，而是本行工匠们的一种群体认同。祖师对于他们而言，不仅有着保佑的作用，同时也是一种敬畏，时时告诫自己要做好自己的工作，恪守自己的本分。其次，敬业精神还表现在对待工作的一丝不苟、精益求精的态度上。《诗经》使用工匠们“切磋”“琢磨”的严谨态度来形容品德高尚的君子，这也是对工匠敬业精神的一种褒扬。另外，古代工匠技艺的传授多有赖于师徒相授，这就使得尊师重道、修德立身成为古代工匠敬业精神的一项重要内涵。正如学者所说：“师徒相承，代代相传，不仅需要师傅具备一定的传授技艺能力，还需要师傅的博大胸襟与徒弟的聪慧勤奋。为人师者，应当性格豁达、心胸宽广，倾己所有传授给徒弟；为人徒者，不只是简单地继承师傅的技艺，更要自强不息、独立自主，在师傅的基础上能进一步创造出新的手艺与技法。”无论是师父还是徒弟，培育高尚的道德与高超的技艺都是对这一职业的尊敬和传承。

2. 精益

在黑格尔看来，手工业也是一种艺术创作。如果将这句话进一步拓展，也可以说，工匠也是艺术家，他们的手工业活动是一项艺术的创作活动。当我们考察中国古代工匠活动时便会发现，他们的活动特点非常符合黑格尔所说的对美的追求。换言之，中国古代工匠在手工业活动中，不仅秉持着实用主义的创造精神，他们还有自己的审美观念和艺术世界。基于这种对美的认识和追求，他们在具体的手工业实践中发挥着精益求精的精神，创造出了辉煌灿烂的古代物质文化。

随着工匠群体的出现，工匠们对于艺术的追求变得清晰起来。进入封建社会后，工匠对于审美艺术的精益求精开始向全社会范围延伸。无论是官方管理下的工匠，还是生活于民间的工匠，追求精美的手工制品已经成为全体工匠群体的共识。这些都体现在中国从古至今的工艺作品上，包括玉器、青铜器、陶瓷器、雕塑等，这些精美作品的经世流传，无一不体现了古代工匠的独特匠心。

3. 创新

手工业产生的最初目的，是满足人类最基本的物质需求，因此古代工匠在手工业活动实践中秉持理性实用精神。纵观古代的许多发明家，他们当中的很多人是工匠出身。例如，活字印刷术的发明者毕昇便是一名印刷工匠。唐朝时，雕版印刷术已经被发明，并得到了广泛使用。但是，随着时间的推移，人们发现雕版印刷术存在许多问题。雕版印刷非常笨重，且耗费材料，而且在制版的过程中对精度的要求特别高，一旦雕刻错字，就会导致整块雕版被废弃。毕昇正是看到了雕版印刷实用性较差的一面，积极思考，开拓创新，后改良为“活字印刷”。毕昇作为一名普通印刷工匠，能够敏锐地发现雕版印刷中存在的诸多问题，并积极寻求解决之道，从而发明了举世闻名的活字印刷术。这便是一种立足于实务的开拓创新，这种创新不是夺人眼球的标新立异，而是脚踏实地的改良创造。

4. 专注

专注就是内心笃定且着眼于细节的耐心、执着、坚持的精神，这是一切工匠所必须具备的精神特质。从中外实践经验来看，工匠精神意味着一种执着，即一种几十年如一日的坚持与韧性。“术业有专攻”，我们一旦选定行业，就要一门心思扎根下去，心无旁骛，在一个细分工艺上不断积累优势，争取在各自领域成为“领头羊”。在中国早就有“艺痴者技必良”的说法。

学后心得：

任务3　文化实践任务单

<table>
<tr><td>执行任务人</td><td colspan="3"></td><td>班级</td><td></td></tr>
<tr><td>任务名称</td><td colspan="5">记录专业作品中的独特匠心设计</td></tr>
<tr><td>任务背景</td><td colspan="5">中国传统文化根植于深厚的历史背景之中，想要了解中国传统文化的传承，必须对中国历史有一定了解，要求运用思维导图的形式将你认为重要的古代匠心工艺节点绘制出来</td></tr>
<tr><td>任务实施</td><td colspan="5">（1）了解工匠精神的核心要求
（2）结合自身专业，选择一个自己喜爱的专业作品，体会其中的工匠精神
（3）记录你的观察学习过程</td></tr>
<tr><td>任务成果展示</td><td colspan="5"></td></tr>
<tr><td rowspan="6">任务综合评估</td><td rowspan="4">教师评分</td><td>评价标准</td><td>分值</td><td>得分</td><td>备注</td></tr>
<tr><td>记录详细，表达合理</td><td>40</td><td></td><td></td></tr>
<tr><td>工艺与匠心精神相匹配</td><td>30</td><td></td><td></td></tr>
<tr><td>深刻、真诚地体会工匠精神</td><td>30</td><td></td><td></td></tr>
<tr><td>学生互评评语</td><td></td><td></td><td></td><td></td></tr>
<tr><td>自我修正及感悟</td><td></td><td></td><td></td><td></td></tr>
</table>

学生任务完成情况记录：

项目九

中国古代教育

◇ 项目导读：

“教育”一词始见于《孟子·尽心上》的“得天下英才而教育之”。许慎在《说文解字》中解释，“教，上所施，下所效也”“育，养子使作善也”。教育就是教诲培育的意思，是人类进行文化传播的首要手段。

我国是一个有着上下五千年文明的国度，中国的教育活动也至少延续了四千多年，可以说，中华文明的从未中断主要得益于中华民族的教育。中国古代教育发展过程中，涌现出了数量众多的著名教育家，积累了十分丰富的教育思想。这些教育思想成为中国古代文化的重要组成部分，为中国传统文化的延续和发展做出了重要贡献。

◇ 学习目标：

（1）了解中国古代教育制度和演变的过程。

（2）掌握中国古代教育机构的设立情况。

（3）正确理解古代科举制度的主要内涵及优缺点。

◇ 理论要求：

具备阐述中国古代教育机构及科举制度的能力。

◇ 技能要求：

能从中国古代教育制度与科举制度的产生和发展的历史进程中，学会正确地看待中国古代的教育。

◇ 素质要求：

树立正确的教育观。

任务1 课前自测

◆ 判断题

1. 唐代中国诗歌达到巅峰的主要原因是当时的科举考试比较看重诗赋文采。（　）

2. 宋代之前，商人是不可以参加科举考试的。（　）

3. 中国的科举考试是世界上最早的考试制度。（　）

4. 中国教育史上男女同校读书是从民国开始的。（　）

5. 中国焚书第一人是秦始皇。（　）

6. 汉代，有专门的“休沐”，就是说官员们上了五天班后，能专门休一天假来洗澡。（　）

7. 古代的学生除了春节、端午节等举国同庆的节日外，每天的任务就是寒窗苦读，是没有寒暑假的。（　）

8. 中国最早的专科学校是专门研究文学艺术的学校。（　）

9. 东汉洛阳的太学是最早接收外国留学生的大学。（　）

10. 屈原姓屈，孔子姓孔。（　）

学前思考：

写一写你心目中的中国古代教育是什么样的？

____

____

____

____

任务 2 文化解读

一、古代教育发展概述

我国古代教育的起源可以追溯至原始社会。原始社会的人们主要从事渔猎和农耕等生产活动，人们在日常的生产劳动中将积累的丰富经验传授给下一代，原始教育就产生了。原始教育和生产劳动是相统一的。随着生产力的发展和社会分工的扩大，社会文化事业大为繁荣，专门从事脑力劳动的知识分子应运而生，教育开始从生产劳动中分离出来，成为一种专门的活动，专门从事教育的场所——学校也开始出现。

夏、商、周三代就开始有了正式以教为主的学校，如史书《孟子·滕文公上》："夏曰校，殷曰序，周曰庠"，夏朝称为"校"，商朝称为"序"，周朝称为"庠"。不同名称的学校，可能担任着不同的教育任务。夏朝时开始出现学校，经历多年的发展，直至西周时，学校组织逐渐完善。当时的学校分为国学与乡学两种。国学专为贵族子弟而设，按学生入学年龄与教育程度分为大学、小学两级。乡学主要按照当时的地方行政区域而定。因地方区域大小不同，亦有塾、庠、序、校之别。一般情况下，塾中优秀者，可升入乡学而学于庠、序、校；庠、序、校中的优秀者可升入国学而学于大学。国学为中央直属学校，乡学是地方学校。其中国学教育内容以礼乐为中心，附以射、御、书、数的六艺教育。但那个时期都推行领主贵族政治，并垄断文化教育，所以教育对象都是贵族子弟，教育主要服务于上层阶级，此时的教育具有鲜明的阶级性和等级性。

到了春秋战国，封建经济不断发展，周王室势力日渐衰微，出现了"礼崩乐坏"的局面，原来的官学教育体制已不适用，兴起了学在四夷的私人自由讲学的风气，中国古代教育开始变革。随着私学的流行，一批闪烁着智慧光芒的民间私学大师出现了，如孔子、墨子、孟子、荀子等，其中孔子是创办私学的最杰出的代表。他主张有教无类，创立了儒家学说，为教育理论体系形成奠定了基础，对中国古代教育具有决定性的影响。

汉代时，汉武帝采纳了董仲舒"罢黜百家，独尊儒术"的建议，积极推广儒家思想，儒家经典开始成为统治阶级培养人才的必学课程，从中央到地方形成了一套教育系统。汉武帝创建了中央太学与地方郡国学两级官学，确立了中国封建官学制度。

魏晋时期，由于战乱频繁、政局动荡不安，这个时期的教育总体上是官学衰颓，地方私学转而呈现繁荣的局面。当时社会上佛、道、玄学盛行，文学、史学、自然科学发达，打破了儒家一统教育的局面。随着贵族势力日益膨胀，人才选拔凸显较强的等级性特点，人才选拔的方式逐渐向门阀士族倾斜，寒门士子毫无进仕之路。到了南北朝，贵族势力日趋衰弱，寒门势力逐渐强盛，按门第选官的方式逐渐被举孝廉、举秀才等察举方式代替，科举制度开始萌芽。

隋唐时期，政治逐渐趋向稳定，经济繁荣，科学技术、文化教育都达到了新的水平。这个时期的教育继承了南北朝以来教育的成果，并全面发展，学校教育达到了我国封建社会学校教育发展的鼎盛时期。针对魏晋南北朝教育制度的流弊，隋唐时期建立健全了科举制度。自此，科举制度一直被宋、元、明、清作为人才选拔制度使用，在中国历史上推行了一千三百多年之久，对中国的古代教育产生了重大而深远的影响。宋朝时期沿用唐制，科举制度得到进一步完善，开始有了解试、省试、殿试一整套程序。教育体系也更加完备，在中央有太学、国子学等，私人讲学的书院也开始兴起。到了元代，学校教育制度大体承袭了唐、宋的教育传统，借鉴了辽、金的办学形式，在一定程度上发展和完善了各级各类学校的管理体制，较为突出的是书院的建设进入了繁荣时期。

明清是我国封建社会发展史上的一个重要的历史阶段。这个时期，出现了资本主义萌芽，统治阶级为了维护封建专制统治，推崇程朱理学，采用八股取士，实行思想文化专制。程朱理学在教育中居于主导地位，但在实践中日益僵化。明中叶以后，随着资本主义萌芽的出现和商品经济的发展，社会上形成了颇具影响的主张“实学”“实用”，培养“经世致用”的人才的实学教育思潮，并出现了一批倡导实学教育的思想家、教育家，他们对理学教育和八股取士发起了更加猛烈的进攻。这种新的教育思想及其教育实践，对中国旧民主主义的政治变革和教育的革新，起着重要的启蒙和推动作用。

中国古代教育体制从产生到发展，虽然具有一定的阶级性和历史局限性，但它的教育思想、教育原则等对中国古代社会、文化的繁荣和发展起到了不可估量的作用，对现代化教育体制的形成和发展也具有一定的借鉴作用。对于今天的我们更是一笔丰厚的宝贵的文化遗产，对于现代教育有着重要的现实意义。

二、古代教育机构

中国古代的教育分官学和私学两大系统。

（一）官学

官学，是指中国封建朝廷直接举办和管辖，以及历代官府按照行政区划在地方所办的，旨在培养各种管理人才的学校教育体系。它分为中央官学和地方官学，共同构成了中国古代最主要的官学教育体系。

1. 中央官学

中央官学的产生、发展和衰落是和中国封建社会政治经济的发展变化相适应并为其服务的。

专门由朝廷设立的中央官学正式创办于汉代。汉武帝元朔五年（公元前 124 年），汉武帝接受董仲舒、公孙弘等的建议，置博士弟子员五十人，建立太学，这是官学制度开始走向完备的重要标志。汉代“独尊儒术”，各级官学的教学内容主要是儒家经典；教师被称为博士，均为精通儒经的权威学派的名儒；设立五经博士，博士只需精通一经或一经中的某一家，实行分科施教。

魏晋南北朝时期，政局纷乱，官学时兴时废，直到唐代，官学才重新兴盛起来。唐代是中国封建时期政治经济较为繁荣强盛的时期，其学校教育十分发达，成为官学教育最繁盛的时期。同汉代一样，唐代的官学也分为中央官学和地方官学。但是，相对于汉代的官学教育而言，唐代的官学教育在教学内容上更为丰富，学校的种类也更为多样。比如，唐代的中央官学既有专修儒经的国子学、太学、四门学等，也有专修各科专门知识、兼修儒经的律学、书学、算学等大学性质的专科学校，还有关于医学、卜筮、天文、历数、漏刻、兽医等的职官性学校。地方官学机构设置有京都学、都督府学、州学、县学、市镇学、里学等，学校类型上除专修儒经的学校外，还有医学、玄学方面的专科学校。唐代的官学教师称博士、助教和直讲。

宋朝官学学校类型不断增加，对学生入学资格有所放宽，增设武学与画学。明朝国子学的教学对象更为扩大，但到了明朝中叶以后，封建制度进入了衰败没落阶段，封建官学制度则沦为钳制人民思想的工具。至近代，革命的洪流终于将封建官学制度送进了历史博物馆，中国古代官学被西方学堂和学校教育取代，我国教育进入了新阶段。

中国古代的官学教育机构主要分为以下几种类型：

（1）太学和国子监。

太学是中国封建时代的国立最高学府，始于西周，是汉以后传授儒家经典、培养统治人才的场所。汉武帝时，采纳董仲舒“天人三策”“愿陛下兴太学，置明师，以养天下之士”的建议，于京师长安设立太学。东汉太学大为发展，顺帝时有二百四十房，一千八百五十室。质帝时，太学生达三万人。作为当时最高学府，汉代太学与西方的雅典大学、亚历山大里亚大学等同为世界上最古老的高等学校。

到西晋时期，晋武帝对太学进行改革，使太学的教学质量有了很大提高；同时，为适应士族的发展，又在太学之外设立国子学，专门培养士族子弟，当时国子学的地位比太学高。隋唐至明清时期，国子学改为国子监，成为国家常设的最高教育机构，也担任了国家教育管理的职能，正统的官方教育体系得到进一步完善，并日益受到重视。该时期，或设太学，或设国子学，或是两者并设，名称不一，制度亦有变化，但均为传授儒家经典、为封建王朝培养人才的最高学府，在办学育人、繁荣学术、发展科举进士等方面积累了许多宝贵的经验，在中国和世界教育史上占有重要地位。

（2）专科学校。

中国古代官学教育，除建立学习儒家经典的学校外，还设立专科学校，培养各种实用的专门人才。创立于东汉末年的鸿都门学是我国古代第一所专科学校，主要是学习、研究文学艺术，因校址设在洛阳鸿都门而得名。鸿都门学是统治阶级内部斗争的产物，即宦官派为了培养拥护自己的知识分子而与士族势力占据地盘的太学相抗衡的产物。它所招收的学生和教学内容都与太学相反。学生由州、郡三公择优选送，多数是士族看不起的社会地位不高的平民子弟。教学上开设辞赋、小说、尺牍、字画等课程，打破了专习儒家经典的惯例。当时的宦官派为了壮大自己的势力，对鸿都门学的学生特别优待。学生毕业后，多给予高官厚禄，有些出为刺史、太守，入为尚书、侍中，还有的封侯赐爵。所以鸿都门学兴盛一时，学生多达千人，但延续时间不长。因士族猛烈的攻击和黄巾起义，鸿都门学随着汉王朝的衰亡而结束。在“独尊儒术”的汉代，改变以儒家经学为唯一教育内容的旧观念，提倡对文学艺术开展研究，创立鸿都门学，是对教育的一大贡献，更是中国古代教育的巨大进步。鸿都门学的出现，为后来特别是唐代的科举和设立各种专科学校开辟了道路。

除鸿都门学外，中国古代还有南朝的史学、儒学、玄学，明清的律学、医学、武学、阴阳学、算学、书学、画学、玄学、音乐、工艺等各种专科学校。这些学校培养出不少专业人才，对中国自然科学、法学、文艺等的发展起过很大的作用，并对世界文化做出了一定的贡献。

（3）贵族学校。

贵族学校是指针对贵族子弟而设立的官学，专门招收皇室近亲，皇太后、皇后近亲，以及宰相等子孙入馆读书。汉明帝永平元年（58 年），汉明帝为外戚樊氏、郭氏、阴氏、马氏的子弟开设学校，又称“四姓小侯学”，开启了贵族学校的先河。此后，历代皆有贵族学校，如唐朝的弘文馆、崇文馆，宋代的宗学、诸王宫学及内小学，明朝的宗学，清代的旗学、宗学，都属于贵族学校。

（4）短期学校。

在封建社会中央官学系统中，有少数学校，不是高等学校，也不是专科学校，更不是贵族学校，而是君王或执政大臣暂时开设、时间短促、无制度系统的学校，故成为短期学校。例如，北宋末年开办的外学，即将太学外舍生编在一起，让他们修业一年，然后升入太学内舍，亦称“辟雍”；宋哲宗时，专门为各州来京应试落第的学子设立的、临时补习性的广文馆；宋仁宗年间，招收未能入太学的一般青年学子修业一年的四门学；等等。这些都属于短期学校。

2. 地方官学

中国古代地方官学，是指历代官府按照地方行政区划在地方所开办的学校。古代地方官学始于汉代，由文翁始创。西汉景帝末年，蜀郡郡守文翁重视教化，在成都建立学官，招下县子弟为学官弟子，汉武帝对于文翁设学之举甚为赞许，乃下诏，令天下郡国皆立学校官。自此以后，有些郡开始设置学官，如昭帝时有的郡设有“文学校官”，宣帝时有的郡设有“郡文学官”。直到汉平帝时地方官学体制开始确立，并规定：郡国曰学，县、道、邑、侯国曰校，乡曰庠，聚曰序。因而郡国学校得以普遍建立，官学和私学交织发展，形成了“学校如林，庠序盈门”的景象。

魏晋南北朝时期，国家经常处于战乱分裂之中，造成官学或兴或废的状态。地方官学较之中央官学更为衰废。隋代时，国家重归统一，但由于立国时间较短，虽隋文帝、隋炀帝皆设庠序郡县之学，但实际上“空有建学之名，而无弘道之实”。

唐代的教育随着盛世的出现得到空前发展，特别是唐代前期，地方官学繁荣，中叶自天宝后逐渐衰废。唐代的地方官学除在府州和县设有由长史管辖书院的“儒学”外，还设有直辖于太医署的府州“医学”，直辖于中央礼部下的词部的府州“崇玄学”。

宋辽金时期，宋代地方官学在学校管理方面设置主管地方教育的行政官员，是正式建立地方教育行政机构之始；辽设有府学、州学、县学。金设有府学和州学，为了培养本族统治人才，除汉学外另设女真府学，其制与汉学相同，学习内容为女真大小字所译经书，毕业后得以参加女真进士的科举考试。

元代地方官学制度比较完备，在路、府、州、县四级均设置相应学校，但事实上有名无实，并未普遍设立。

明代前期是中国封建社会地方官学兴盛的时期。早在明太祖立国之初，在全国诸府、州、县设立府、州、县学，在防区卫所设卫学，在乡村设社学，还在各地方行政机构所在地设置都司儒学、宣慰司儒学等。最兴盛时全国合计有学校 1 700 余所。

清代地方官学基本沿袭明制，依其地方区划设有府学、州学、县学，并于乡间置社学，各地均设专职学官。

（二）私学

中国古代的私学是与官学相对存在的，是指不由政府主持、不纳入国家学校教育制度之内，由个人或社会集团主持、经营、管理的教育活动。

中国古代的私学产生于春秋时期，以孔子开办的私学规模最大，影响最深。当时的官学日渐衰微，已无法满足社会各阶层对人才的需要，于是出现了“士”阶层，私人养士之风逐渐盛行，私学便应运而生。士阶层中出现了各种学派，代表着不同阶级的利益。各个学派为了培养自己的人才，向各诸侯宣传各自的主张，以扩大其政治上的势力。其中影响较大的是儒、墨、道、法四家。这四家均有私学。到了战国时期，七国争雄，“邦无定交，士无定主”，养士的风气有增无减，私学更加盛行。“从师”之风盛极一时，出现“百家争鸣”的局面。

秦废百家而独重法家，私学受挫。汉初实行“休养生息”，政府倡导私学，私学开始复兴并日益强盛。至东汉末年，私学甚至压倒了官学。魏晋南北朝时期，儒、道、佛、玄四家私学规模巨大，可以说是战国之后私学的再度繁荣。

唐宋时期，官学强盛至极，科举制也日臻完善，高、中级私学的发展受到抑制，但层次较低的蒙学获得发展。南宋的蒙学已开始分化出村学、义学、族塾、冬学等各种形式。到元代，私学蓬勃发展，社学、庙学等特殊私学呈现繁荣景象。

明清时期的私学表现出与前代不同的特点，除蒙学之外，高级私学的发展也呈兴旺之势。但清初的高级私学明显受到了当时政府文教政策的限制。

从晚清至中华人民共和国成立，具有民主色彩和自由精神的新式私学开始出现并获得较大发展，标志着中国的私学已发展到一个较高的层次。

（三）书院

中国古代书院是指中国封建社会特有的一种教育组织和学术研究机构，一般为著名学者私人创建或主持的高等学府。它起源于唐朝，兴盛于宋代，是中国古代教育史和学术史上具有重要地位的教育组织形式。

1. 发展简史

书院之名始于唐代，分为官、私两类。官立书院，最早的是唐开元年间的“丽正书院”，后改名为“集贤书院”，作为官方藏书、修书、校书或偶尔为皇帝讲经的场所，而非讲学的场所。私人书院，最初只是私人读书治学的场所。真正具有聚徒讲学性质的书院于五代末期基本形成，主要培养学生参加科举考试。所以，可以说唐代是中国书院的萌芽时期。

宋代是古代书院蓬勃发展的时期。自宋朝统一以来，经战乱压抑的教育诉求喷发，而新生的政府无力兴建官学，于是，书院获得了难得的历史机遇。凭借着朝廷和地方官方的势力，进行私人讲学的书院大量产生。到北宋中后期，经历了三次兴学后，大量的书院被废弃或改制为官学。但经过前期发展，书院已扎根民间。整个北宋期间，政府都没有放松对书院的控制。南宋时期书院的发展进入一个崭新的阶段，主要标志是书院与理学的结合。大师们在讲道、传道的同时，以书院为基地，努力经营自己的学派，将学术与书院的发展推向了前所未有的高度，开创了书院与学术一体化的传统。另外，书院作为一种制度化的私学终于成熟和完善起来。更为重要的是，书院明确提出独特教育宗旨，与官学区分开来，成为培养能传道济民的有用人才的场所。

元代是书院建设的繁荣时期，有“书院之设，莫盛于元”之说。公元 1291 年，元世祖首次下令广设书院，对书院采取奖励政策，民间有自愿出钱出粮赞助建学的，也立为书院。后多次颁布法令保护书院和庙学，并将书院等视为官学，书院山长也定为学官，使得大量私办书院向官学转化。另外，元代将书院和理学推广到北方地区，缩短了南北文化的差距，并创建书院 296 所，加上修复唐宋旧院，总数达到 408 所。但书院受官方控制甚严，无争鸣辩论的讲学特色。

明代初期，因将重点放在完善各级官学上，宋元留存的书院多被改建为地方学校和社学，书院发展处于沉寂状态。明成化之后书院才逐渐复兴。到了明朝中后期，因书院自由讲学的风气盛行不衰，统治者为加强思想控制，出现了历史上著名的四次禁毁书院事件：嘉靖十六年（1537 年），明世宗以书院倡邪学下令毁天下私创书院；嘉靖十七年（1538 年），以书院耗费财物、影响官学教育再次禁毁书院。万历七年（1579 年），张居正以统一思想的名义下令禁毁全国书院；天启五年（1625 年），魏忠贤下令拆毁天下书院，造成了“东林书院事件”。崇祯帝即位后书院陆续恢复，其间书院总数达到 2 000 所左右，其中新创建的有 1 600 多所，数量远超过了历朝。

清朝虽采取崇儒重教的政策，但统治者担心书院会煽动反清复明的思想，对书院持抑制态度，阻碍了书院的发展。康熙、雍正后，书院又逐步恢复起来，对书院的态度由限制改为支持。乾隆年间，政府拨款建立书院，书院数量剧增。绝大多数书院成为以考课为中心的科举预备学校，所以，清代书院基本为官办。至光绪二十七年（1901 年），令书院改为学堂，书院就此结束。

整体看来，书院大致经历了从民间主导到官民合办再到官学化的发展过程。

2. 著名书院

（1）应天府书院。

应天府书院前身为睢阳学舍，睢阳学舍位于河南省商丘市城南，由五代后晋时的商丘人杨悫创办，后被赐名“应天府书院”，成为北宋最高学府。应天府书院也是中国古代书院中唯一一座升级为国子监的书院。北宋书院多设在山林胜地，只有应天府书院设立于繁华闹市之中，这成为应天府书院主要的特色。因应天府书院历史悠久、规模宏大、影响深远、人才辈出，故居北宋四大书院之首。睢阳学舍的创始人杨悫去世后，他的学生戚同文继承师业，继续办学，但戚同文病逝后，

应天府书院（图片）

学校曾一度关闭。北宋大中祥符二年（1009年），邑民富人曹诚，在戚同文旧学之地重建书院，经由应天府知府上报朝廷，受到宋真宗赞赏，正式赐额为“应天府书院”。从此，该书院取得了官学地位，成为宋代较早的一所官学化书院。北宋天圣四年（1026年），知府晏殊聘请范仲淹主持应天府书院。庆历三年（1043年），应天府书院升为南京国子监学，与东京（今开封）、西京（今洛阳）的国子监并列为北宋最高学府。应天府书院存在的数百年里，在范仲淹主持书院时期，书院的发展到达了顶峰，培养出一大批治国安邦之才。1127年，因战乱应天府书院毁于兵火，其后应天府书院屡废屡建，名称也不断被更改，但是已远不及北宋时期的规模。乾隆十三年（1748年），知府陈锡格重修应天府书院。光绪二十七年（1901年）举国废科举，兴学校，诏令各地书院改为学堂。1905年，范文正公讲院改为“归德府中学堂”（简称“归德中学”），也就是今天商丘师范学院的前身。从此应天府书院由传统的书院向现代化教育学校转变。

（2）岳麓书院。

岳麓书院位于湖南长沙的岳麓山脚下，湖南大学校园之中，为我国著名的“四大书院”之一。岳麓书院创建于北宋开宝九年（976年），在僧人办学的基础上，由官府捐资兴建。此后，历经宋、元、明、清各代，至清末光绪二十九年（1903年）改为湖南高等学堂。民国元年（1912年）废学堂，改名湖南高等师范学校。民国六年（1917年）高师停办，又迁入湖南工业专门学校，仍就书院基址扩建，并创辟实习工厂，从此麓山开始了工科教育建设。1926年省立湖南大学（1937年改国立）正式成立。

岳麓书院（图片）

岳麓书院早在宋代已蜚声宇内，居北宋四大书院之首。大中祥符八年（1015年），宋真宗因见岳麓办学之盛，召见山长周式，颁书赐额，亲书“岳麓书院”匾额。至南宋时期，在著名理学家张栻的主导下，岳麓书院进入了宋代办学最盛时期。南宋绍熙五年（1194年），著名理学家朱熹出任潭州知府，兴学岳麓，对书院进行了扩建和整治，进一步促进了岳麓书院的发展。千年以来，岳麓书院人才辈出，代有闻人。南宋初期，著名理学家朱熹与书院山长张栻登坛讲学，促成书院学术的朱张学统。其后形成了当时理学中最为兴盛的湖湘学派，出现了以张栻为代表的湖湘学派人才群体。明清之际，杰出的思想家王夫之也出身岳麓。晚清以后，更是涌现出了众多的人才群体。1916—1919年，青年毛泽东数次寓居岳麓书院半学斋，从事革命活动，寻求救国救民的真理。清代学人所撰，至今仍悬挂在书院大门的“惟楚有材，于斯为盛”楹联，正是对岳麓书院千年以来人才辈出的真实写照。

（3）白鹿洞书院。

白鹿洞书院，位于江西省九江市庐山五老峰南麓，享有“海内第一书院”之誉。该书院始建于南唐升元年间（940 年），是中国首间完备的书院；相传书院的创始人可以追溯到南唐的李渤。相传，李渤与其兄在此隐居读书，李渤养一头白鹿，终日相随，故人称白鹿先生。这里本没有洞，因地势低凹，俯视似洞，称为“白鹿洞”。后李渤为官江州（今江西省九江市）刺史，旧地重游，为纪念他青年时代在此读过书，广植花木，建亭、台、楼、阁以张其事。南唐李善道等人在此办“庐山国学”，又称“白鹿国学”，与金陵秦淮河畔国子监齐名，学者争相往之。北宋初年，宋太宗重视书院教育，书院得以发展。宋代理学家朱熹出任知南康军（今江西省九江市庐山市）时，重建书院，亲自讲学，确定了书院的办学规条和宗旨，并奏请赐额及御书，名声大振，成为宋末至清初的一个重要文化摇篮。朱熹制定的《白鹿洞书院揭示》又称《白鹿洞书院教规》，影响后世几百年，其办学的模式为后世效仿，传至海外的日本、韩国及东南亚一带，白鹿洞书院誉享海外。光绪二十八年（1902 年），白鹿洞书院停办。辛亥革命以后，书院遗址遭火灾，大部分藏书被损毁。民国七年（1918 年），康有为曾题写“白鹿洞书院”横额，书院也偶有修整。国民党军官训练团曾一度占用书院院舍。抗战时期，书院又遭到日本侵略军的破坏，合抱大树毁坏甚多。中华人民共和国成立后，白鹿洞书院得到很好的保护和利用，各级政府先后拨巨款进行三次大的维修，再度兴盛。

白鹿洞书院（图片）

（4）嵩阳书院。

嵩阳书院，位于河南省登封市，背靠峻极峰，面对双溪河，因坐落在嵩山之阳而得名嵩阳书院。嵩阳书院在历史上曾是佛教、道教场所，但时间最长、最有名气的是作为儒教圣地。它创建于北魏孝文帝太和八年（484 年）时，时称嵩阳寺，为佛教活动场所。唐代改其名为嵩阳观，为道教活动场所。宋仁宗景祐二年（1035 年），改其名为嵩阳书院，成为儒学活动中心，此后一直是历代名人讲授经典的教育场所。明末书院毁于兵火，历经元、明、清各代重修增建。清代末年，废除科举制度，设立学堂，经历千余年的书院教育走完了科举历程。

嵩阳书院（图片）

嵩阳书院在北宋时最盛，院中有学生几百人。先后有范仲淹、司马光、程颢、程颐、杨时、朱熹、李纲、范纯仁等二十四人在此讲学。嵩阳书院是宋代理学的发源地之一，宋代理学的“洛学”创始人程颢、程颐兄弟以及司马光、范仲淹曾在嵩阳书院讲学，且司马光巨著《资治通鉴》的一部分是在嵩阳书院撰写的。嵩阳书院经历代多次增建修补，规模逐渐形成，布局日趋严整，书院内建筑布局保持着清代前的风格。因其独特的儒学教育建筑性质，嵩阳书院被称为研究中国古代书院建筑、教育制度以及儒家文化的“标本”。

三、古代科举制度

科举考试（微课）

科举考试是中国封建社会通过分科考试选拔官吏的一种考试制度。科举，即分科选举的意思。其最早起源于隋朝，基本特征是通过逐级的考试来选拔人才，是世界上最早的考试制度。科举制度从隋朝大业元年（605 年）开始实行，到清朝光绪三十一年（1905 年）举行最后一科进士考试为止，共经历了 1 300 年的演变。这项制度对于中国封建社会的政治、社会、学术、文化和教育等方面都产生了十分重要的影响。

在科举制度出现之前，中国的官员选拔制度主要有先秦时期的世袭制、汉代时的察举制以及魏晋时期施行的九品中正制。隋朝统一全国后，为进一步加强封建统治和中央集权，开始把选拔官吏的权力收归中央，废除九品中正制，开始采用分科考试的方式选拔官员。隋炀帝大业二年（606 年），始置进士科，标志着科举制的创立。从此，不论出身高低贵贱，只要是读书人，都有机会凭才学做官。

隋朝灭亡后，唐朝承袭了隋朝传下来的人才选拔制度，并做了进一步的完善，科目的设置、类别的划分、考试的内容、考场的规则等都更加完备。唐代的考试科目分常科和制科两类，每年分期举行的称常科，由皇帝下诏临时举行的考试称制科。常科的科目有秀才、明经、进士、俊士、明法、明字、明算等五十多种，其中明经科、进士科最为重要。常科的考生有两个来源，一个由京师及州县学馆出身，送往尚书省受试的生徒；另一个是先经州县考试，及第后再送尚书省的应试者乡贡。常科登第后，还要经吏部考试，叫选试。合格者，才能授予官职。如果吏部考试落选，只能去当幕僚，再争取得到朝廷正式委任的官职。唐代的科举考试侧重熟记、议论，看重诗赋文采，所以，唐代诗人辈出，唐诗也达到了中国诗歌的顶峰。但因忽视了专业技术人才，也直接影响了科学技术的进步和发展。

宋朝对科举进行了较大的改革。首先，宋朝的科举放宽了录取和任用的范围。其次，从宋代开始，科举开始实行糊名和誊录，并建立防止徇私的新制度。宋代科举在考试内容上也做了较大的改革，取消诗赋、帖经、墨义，专以经义、论、策取士。另外，为了选拔真正有利于封建统治而又有才干的人担任官职，于开宝六年（973 年）实行殿试，自此，殿试成为科举制度的最高一级的考试，并正式确立了州试、省试和殿试的三级科举考试制度。

明朝时，科举制度进入了它的鼎盛时期。明代统治者高度重视科举，科举方法之严密也超过了以往历代。明朝的科举考试分为乡试、会试、殿试三级。乡试是由南、北直隶和各布政使司举行的地方考试，每三年一次。会试是由礼部主持的全国考试，考期在每年二月。殿试在会试后当年举行，时间是三月初一。殿试由皇帝亲自主持，只考时务策一道。殿试毕，次日读卷，又次日放榜。录取分三甲：一甲三名，称状元、榜眼、探花，合称三鼎甲；二、三甲若干名；一、二、三甲统称进士。进士榜称甲榜，或称甲科。因进士榜用黄纸书写，故叫黄甲或金榜，中进士称金榜题名。乡试第一名叫解元，会试第一名叫会元，加上殿试一甲第一名的状元，合称三元，所以连中三元是科举场中的佳话。明代乡试、会试头场考八股文，八股文的优劣直接决定能否考中。所以，一般读书人往往把毕生精力用在八股文上。但八股文一直都是维护封建专制的工具，严重禁锢了读书人的思想，影响了中国文化的交流与发展，也把科举制度引向了绝路。清代的科举制度与明代的基本相同，只是在礼部试上增加了一级考试。

八股文（微课）

伴随着越来越多的有志之士开始办学，新式学堂大量兴起，科举制度的弊端也越来越凸显，直至 1905 年，清政府下诏废止科举制度，延续了千年之久的科举制度被废除。

学后心得：

任务3　文化实践任务单

<table>
<tr><td>执行任务人</td><td colspan="3"></td><td>班级</td><td></td></tr>
<tr><td>任务名称</td><td colspan="5">绘制岳麓书院平面图</td></tr>
<tr><td>任务背景</td><td colspan="5">岳麓书院是中国古代赫赫有名的四大书院之一，也是世界上古老的学府之一，每一组院落、每一块石碑、每一枚砖瓦、每一支风荷，都闪烁着时光淬炼的人文精神，更代表着中国古代教育的文化精髓。通过绘制书院平面图，我们可以深入了解建筑背后的中国古代教育文化</td></tr>
<tr><td>任务实施</td><td colspan="5">（1）了解中国古代书院的发展简史
（2）全面熟悉岳麓书院，绘制书院的平面图
（3）在岳麓书院平面图上对各区域的名称、作用进行说明</td></tr>
<tr><td>任务成果展示及教育观念简述</td><td colspan="5"></td></tr>
<tr><td rowspan="5">任务综合评估</td><td rowspan="3">教师评分</td><td>评价标准</td><td>分值</td><td>得分</td><td>备注</td></tr>
<tr><td>绘制得完整、美观</td><td>50</td><td></td><td></td></tr>
<tr><td>教育观陈述正确且语句通畅，思路清晰</td><td>50</td><td></td><td></td></tr>
<tr><td>学生互评评语</td><td></td><td></td><td></td><td></td></tr>
<tr><td>自我修正及感悟</td><td></td><td></td><td></td><td></td></tr>
</table>

学生任务完成情况记录：

参考文献

［1］冯雪燕，杨汉瑜. 中国传统文化［M］. 济南：山东大学出版社，2006.

［2］张芹玲. 新编中国传统文化［M］. 北京：高等教育出版社，2020.

［3］刘春水. 中国传统文化概观［M］. 北京：中国轻工业出版社，2018.

［4］王佳. 诸子百家［M］. 合肥：黄山书社，2013.

［5］王蘧常. 中国历代思想家传记汇诠［M］. 上海：复旦大学出版社，2021.

［6］张建. 中国传统文化［M］. 北京：高等教育出版社，2015.

［7］赵宗福，梁家胜. 一本书读懂民俗常识［M］. 北京：中华书局，2016.

［8］王力. 中国古代文化常识［M］. 4版. 北京：北京联合出版公司，2017.

［9］张岱年，方克立. 中国文化概论［M］. 北京：北京师范大学出版社，2008.

［10］郑一. 中国人应知道的民俗知识［M］. 北京：中国纺织出版社，2016.

［11］战歆，周红湘，贾雨潇. 中国传统文化［M］. 北京：中国人民大学出版社，2020.

［12］陕西省文物局. 西安碑林博物馆（丰碑如薮宝刻成林）［M］. 西安：西安地图出版社，2020.

［13］赵力光. 西安碑林博物馆新藏墓志汇编［M］. 北京：线装书局，2007.

［14］沈从文，王㐨. 中国服饰史［M］. 北京：中信出版集团，2018.

［15］孙晨阳，张珂. 中国古代服饰辞典［M］. 北京：中华书局，2015.